肥宅變歐巴

變

即使有一卡車無法減重的理由，
還是成功了！
莊明泰150天減重全記錄

莊明泰◎著

150 天內成功減掉 30 公斤，

從 110 公斤瘦下來，

只用了不到一年的時間，

從完全不運動到可以全馬完賽。

你可以參照我的做法，

為自己量身訂製減重心法，

就能持續運動、配合飲食，

達到最佳身型。

給所有想改變、突破自己的人，

這也可以變成是你的故事，

人生掌握在自己手裡。

開始行動，改變自己，從現在開始！

KKBOX 總裁 **李明哲**

　　那一天，我收到明泰用 LINE 傳來的訊息，他說：「我想要減肥。」

　　說真的，當下心裡頭還滿開心的，他終於打算行動了。

　　當天他就把我、他以及他老婆三人拉了一個 LINE 群組，我想，這是他表現出決心的方式吧！

　　打鐵趁熱，所以當天晚上我直接約他見面好好聊聊，並試著完整分享我過去瘦了 70 公斤的一些心得及關鍵思維。講完後我心想：「師父領進門，修行在個人。」一切就看他自己的造化囉！

　　沒想到明泰馬上開始非常認真執行他的「健康瘦身計畫」，而且在飲食控制方面，做得比我更扎實。更用心的是，他還把中間的邏輯、步驟、心得寫下來，經過五個多月，不只成功瘦身 30 多公斤，脂肪也下降很多，乍看之下，簡直是判若兩人！

　　我覺得他既然這麼樂於分享，應該要出書分享個人經驗，除

了紀念這個難得的人生經驗外，也許還可以幫助一些有心想健康減肥的人。兄弟倆心有靈犀一點通，明泰他也有這樣的想法，所以這本書就這樣產生了。

明泰的瘦身過程，一部分與我相似，一部分有自己的獨特哲學，我們兄弟倆靠著運動、飲食搭配的方式，一共減掉 100 公斤以上，若對「健康瘦身、快樂一生」有興趣，可以參考一下。

套一句我常講的：「減肥不能只靠意志力，要在意志力消失之前找到樂趣，才能長長久久做下去。」

關於這個部分，在書中都有詳細闡述，也建議可以推薦給身邊想了解的朋友，期待對讀者有所幫助。

過去，我們兄弟倆體重加起來超過 250 公斤，一起並肩走路，看起來非常有氣勢；現在，我們共減了超過 100 公斤，偶爾還會一起參加路跑，跑起來也非常有氣勢。

恭喜明泰「肥宅變歐巴」成功，也希望本書可以幫助大家。

開始行動，改變自己，從現在開始！

推薦序

小趙又廷回來了！

富邦人壽北 11 區部部長 **陳國政**

明泰是我們區部非常重要的專業經理人，帶領團隊迭創佳績。

猶記得他剛加入團隊時，精實黝黑的外型，搭配細長的眼睛及挺拔的身材，著實令人稱羨，帥氣的程度媲美影星趙又廷，也因此「小趙又廷」的外號不脛而走，當時這個稱號放在明泰身上，絲毫沒有違和感。

隨著歲月增長，明泰帶領團隊人數日漸增多，征戰八方的過程中，可能因公務繁忙疏於對身體的照護，每天早起晚睡，代謝開始變慢變差。我想，這也是現在上班族的現況縮影。

他的體重日益增加，從 70 幾公斤一路攀升到 110 公斤，健康情況也隨之亮起紅燈。期間甚至罹患了「睡眠呼吸中止症」，間接影響其體能、專注度還有健康，我們都很擔心。

　　由於明泰的哥哥體型也非常驚人，我們一度認為他們家存在著肥胖基因，一輩子注定要跟肥胖抗戰。

　　沒想到明泰跟他哥哥兩兄弟憑著毅力、運動、飲食管控，再加上明泰獨特的見解，讓減肥變有趣不再枯燥。兩兄弟竟然一口氣減掉了 100 公斤以上，成果豐碩，令人咋舌。

　　這樣的成果當然在公司內部引起不少的關注，大家紛紛邀請明泰分享其減肥過程。

　　明泰在書中詳述的瘦身過程，沒有令人感到恐怖、望之卻步的招數，有的只是科學的佐證，還有讓人安心的遵循步驟，簡單易懂好上手。

　　在明泰哥哥的鼓勵下，明泰將其成果經驗寫成書，忙碌的上班族都應人手一冊，讓減肥不再麻煩，不再損及健康，不再三分鐘熱度。

　　恭喜明泰，也預祝讀者們在本書的加持下，都能成功塑身減肥，找回青春，擁抱健康。

你我天天都適用的切身減重好指南

媒體中心執行總監 **車姵馣**

　　我是個熱愛閱讀的人，也經常逛書店。據我多年來的觀察，不論整個社會流行什麼，或者經濟景氣與否，在書市裡總有某些主題的書，永遠不缺乏讀者。

　　其中一大項目就是健康，而在關於健康領域五花八門的學問中，又有一大顯學，那就是和減重相關的書籍，包括從飲食著手、從運動著手、還有許多強調神奇功效或來自海外的偏方及特殊療法等等，可見「減重」這件事有很大的市場，但多年來似乎都沒有一本可以讓大家共同認可的好書。

　　畢竟減重這碼子事，社會上有兩種極端，一種極端是想要減重，但不方便說，畢竟人與人之間基於禮貌，除非是很熟的朋友或家人，否則不太會直接批評別人太胖。而自己若體重過重，也不好公開張揚，要減重也不一定肯找人諮詢。另一種極端則是根本就不關心減重這件事，反正中年自然會發福，每天都要吃東

西，都因為忙碌而沒空運動，我們又不當明星，減重都是那些貴婦或有錢有閒的人在搞的花樣。

不論哪一種極端，都和減重這件事沒有共同標準有關。很多事都有衡量標準，投資理財有數學公式，專業學習可以取得認證，但對減重這件事來說，雖然「體重過重」有標準，但「正確減重」的方式卻是百家爭鳴，沒有一個共同認可的依據。

本書最讓我佩服的是，作者不特別強調會有什麼療效，或者主張他是最正確的，他完全超然，以分享的心態把減重的「事實」與大家分享。之所以如此，是因為作者本身並非減重相關廠商，他不是醫生，也不是食品銷售商，更非哪個健身機構的代言人，因此讀者不用擔心這是一本商業化的置入性行銷。

作者抱持著好康共分享的心態，同時背後還有感人的故事，因為女兒的出生，作者進而想到自己這個做爸爸的要如何健健康康陪伴女兒長大，才立志要減重。所以這不但是一本實用的減重書，並且還是有人性、有感動力量的好書。

我和作者李明泰先生認識多年，他最大的成就領域是在保險業務方面，年紀輕輕就建立了自己的通訊處，業績頂尖，加上他做人誠懇踏實，這也是他能夠廣受客戶歡迎的最主要原因。

也因為了解李明泰這樣的特質，當他以同樣的精神，用心推

出這本減重領域的書，我相信這肯定是本「實實在在」的好書。事實上，因為受邀寫序的關係，我很早就開始向李明泰請教他書中想表達的觀念，也受到他的影響具體落實，我試著依照他的指引，每天走路一萬步，並控制飲食，才短短不到一個月，我的體重果真下降了。

　　如同書中強調的，減重不只是外觀美不美的問題，而是和對家人責任有關的重要任務。我向大家推薦這本書，也鼓勵大家，追求健康人生並不一定要花大錢參加健身房會員，或參加昂貴的療法才有用，本書提供人人每天都可適用的好方法，歡迎你一起來體驗。

我的減重全記錄

在這次瘦身成功之前，我減重失敗過兩次！失敗過兩次！天啊！兩次耶！

那兩次失敗所用的減重方法並不相同，但都是大多數人常用的兩種方法，只是結果也跟多數人一樣，痛苦、失望、不健康……，最後無疾而終，繼續當個肉肉人。

而在這次減重還沒到達現在的體重之前，就開始有朋友主動問我是怎麼瘦下來的？我也如實把我的做法、細節全部說出來，完全沒有私藏任何招數。

在累積多次跟朋友聊天或以講座的方式，分享我的減重方法之後，看到朋友臉書的動態或見到朋友時，多數人看起來……完全沒有開始運動或調整飲食的任何跡象。我的內心冒出了大問號，求進步及擅於拆解問題的內建系統開始自動運作。

適用於自己的作法，不代表對別人是有效的，僅僅只是提供一個我自己的歷程做為參考，並不一定適用普羅大眾。其實，每一個人都是獨一無二的，在尋找答案時，或許應該要先探討，怎麼會想問這個問題呀？針對這個問題，自己有沒有什麼樣的答案

呢？有認真想解決嗎？如果沒有，又是為什麼？卡關的原因是什麼？該如何做才能過關斬將呢？是否需要找到什麼資源協助呢？

　　從減重開始到達成目標過程中，所有會遇到的問題、心魔、阻礙……等等，將在本書完整說明。我強大動力的來源及所有內功心法，就是這些心法一路支撐我養成適合我的運動、飲食習慣，瘦身成功後到現在依然能維持住最帥的體態。

　　值得全力以赴嗎？為自己而戰當然值得！

　　想清楚了，內心強大萬夫莫敵，或許，很多問題的答案，早就已經存在自己的心中。

　　只是世界太快

　　心有時候必須得慢些

　　放下手機好好與自己對話

　　也許

　　心會讓我們發現真正的想法。

　　這本書，提供個人人生故事與經驗參考，期待對讀者們有所幫助！

目次 Contents

第一篇

起心動念篇──那道雷終於打到我

我有很多這樣的經驗：

- 演講會場上聽到成功者勵志的演講，整個雄心壯志都被燃起來了，下定決心「明天起」一定要跟著做，然後就會成功，也會有豐富的人生體驗。

- 看到電影裡的主角因忙碌、事故、重病……等因素，永遠失去了與最愛的人相處的寶貴時光，讓我熱淚盈眶，覺得我「之後」也要珍惜身邊的人。

- 拿到旅行社宣傳海報，看到某個國家道地豐盛的美食，心想「有朝一日」我一定要去吃吃看，是否跟想像的一樣美味。

但絕大多數時候，那些「明天」、「以後」、「有朝一日」對執行時間的定義，永遠屬於不會發生的另一個「明天」，另一個「以後」，另一個「遙遠的未來」。甚至，一個小事件的發生，讓這個「明天」永遠不會來。或者，就算來了，有些事也已經永遠做不到了。又或者，曾經看起來「準備」要朝成功方向跨出第一步，但也只是穿戴好裝備、熱一熱身，然後……就……明天再開始好了。

想要賺大錢，買跑車豪宅，但努力賺錢了嗎？有人阻止嗎？為何要做到那麼難？

想要保持好身材，像正妹、小鮮肉一樣，讓自己更有魅力也更健康，但開始運動或控制飲食了嗎？有人阻止嗎？為何就算是一件對自己好的事，也不願意去做？

　　環顧身邊周遭，最常聽見人們說想做，但後來總是沒做的事情包括：我想要創業賺大錢、我想要給家人更好的生活、我想要把握光陰，更珍惜身邊的人、我想要學會一種語言、一種樂器或任何一種新技藝，以及長期占據冠軍寶座的──我要減肥。

　　我也是廣大「想要族」的忠實成員，總是忙得「忘了」許多「想要」，直到知道「她」要誕生。

👤 女兒的誕生，是真正打中我內心的轟天巨雷

　　我是李明泰，過去幾年認識我的人，若中間有段時間沒和我聯絡，當他們有機會再次看到我，或突然搜尋我的臉書，肯定會嚇一跳，甚至認不出是我。

　　我的外型就如同返老還童般，他們會說：「明泰，你變了，變得很有精神，而且越活越年輕了。」從洪金寶變回帥氣趙又廷了。

　　因為這次，我終於真的減重成功了。經歷了 2 次痛苦、無疾而終的減重經驗，這次真真實實的做到了。

　　對於這樣的改變，我要感謝很多人。我要感謝我母親的栽培，感謝我老婆的陪伴，感謝我哥哥的指引，但我最要感謝的是我的女兒小柚子，雖然嚴格說起來，改變發生的起始點，她還沒出生。

　　聽起來好像金馬獎最佳男主角感言一樣，但這次能成功，真的連我自己都很感動，是我人生中很重大的成功經驗。也因為挑戰成功，做到許多人做不到的減重，我的自信心因此也大爆滿。

　　在改變之前，我和我哥哥曾經都是「重量級」人士。做為表率的哥哥，體重最重時超過 140 公斤，相對來說，我比較苗條，只有 110 公斤。

　　後來我哥哥改變了，他除了事業上很成功，在自主減重後體型也更加標準。曾經，我們是一對重量級兄弟，但哥哥懂得「重」新做人，我卻積「重」難返，他率先走上健康瘦身之路，我卻還是困難「重重」。

　　當我哥哥在兩年內，一路從 142 公斤，成功減重到 70 幾公斤，身為知名企業總裁的他，還曾被媒體專訪。我卻彷彿刻意要做哥哥的對照組，他瘦下來的時候可以變成廣告裡的「After」，我就繼續當個「Before」。

　　不是我不愛健康，不是我不願減肥，只是我沒有行動的強大

信念、動機，畢竟我已經把正妹女神娶回家了。我這種身材，老婆還是一直愛著我，所以減肥這件事就跟我們大部分人常說的一樣：沒時間、沒適合條件、時機不對、難以做到、以後再說……

總之，就是有各種理由、藉口推拖著不開始。

我想說的是，今天以前怎樣拖拖拉拉都沒關係，不需要自責、內疚，因為我也曾是這樣的人，相信我，我了解胖子在想什麼。

我的改變，遠遠落後我的哥哥兩年半，可以說，我根本當時就沒有想改變。

直到 2017 年，我聽到一個好消息，我要當爸爸了。

天啊！我欣喜若狂，前三個月忍著不能說。解禁後，我便通知所有關心我的家人朋友，一起來感受這個喜悅。這遠遠比業績得冠軍、收入破紀錄還讓我高興，但我的內心卻總覺得有些什麼不對勁。

是的，我很開心，但為何內心裡有種莫名所以的擔憂呢？我在擔憂什麼呢？

白天裡，我繼續忙碌著大大小小各種事，晚上，帶著即將做爸爸的好心情入夢，但夢裡總有個聲音提醒我：「Wake Up！Wake Up！」

不知道過了幾天，我再也無法忽視心底的這個聲音。就在某天的下午，我找了家咖啡廳，一個人坐著思考，想著我的工作，想著我的家庭，想著我未出生的寶貝女兒。

然後那道巨雷直挺挺的打進我內心，我知道我的焦慮所在了。腦海裡，浮起了一個畫面：

我親愛的女兒，長得像我老婆一樣正，在二十幾歲的時候，她披著婚紗要出嫁了。隨著婚禮進行曲的樂聲響起，新郎已經站在證婚人前面，後頭禮堂大門打開，在眾人彩帶禮炮歡欣見證下，有人牽著新娘的手踏上紅毯，慢慢走向新郎……

但那個牽著我女兒手的人，不是我，因為我……已經掛了。

天啊！人生中第一次，我開始覺得我不能再這樣「重」下去了。

如果我再不控制體重，各項健康指數都不樂觀，那張「滿江紅」的體檢報告書裡整組都壞掉的身體，可以撐著讓我好好陪女兒長大嗎？

如果我因為身體健康問題說 Bye Bye 了，誰照顧我那正妹老婆？想到若是除了我以外的男人牽著我老婆的手逛街，我絕對會使出洪荒之力處理掉那個男人。

如果我在女兒的人生中缺席了，誰會取代原本我的位置？我

完全不願意再想下去。

當下，我真的被自己認為可能成真的想像嚇到了。雖然很想坐時光機去打那個原本就標準身材，卻毫不自制的貪吃又不運動的自己，但實際面上，我把這想揍扁自己的衝動快速轉變成「我能做什麼」。

這一次，我不再想要「明天再說」；這一次，我不會要再「考慮看看」。

所謂覺醒，就一定是「當下」真正的醒悟，並且，「當下」就迫不急待想要行動，想要改變。

我永遠會記得那天的日子，2017 年 5 月 13 日。

既然是 5 月 13 日，那麼所有改變的發生，就是在 5 月 13 日，不會再延到 5 月 14 日。就在當天、立刻、我在咖啡廳醒悟的那一秒，拿起手機，我撥給我第一個想到的救星：我敬愛的哥哥李明哲。

對自己的人生負責任

我哥哥是個大忙人，身為企業的主管，他日理萬機、行程滿檔。但那天他接到我的電話，他聽出來這回弟弟的語氣非常的「不一樣」。

其實，從事業務工作十幾年，我接觸過的人形形色色，我可以理解哥哥當時感受到的「不一樣」，那種感覺只能意會，難以言傳，就像是：

- 和朋友聊天時，可能某個瞬間，一句話或一個論點碰觸到對方的心，看到對方的語氣、表情、姿勢改變了，就知道有些事「不一樣」了。幾乎沒有例外，因為是自己真心想要改變。

- 在開會討論時，也許大家都點頭如搗蒜，但實際上是有聽沒有懂，或在放空。但有的時候，忽然間某個夥伴會眼睛一亮，當下就知道「開竅了、懂了」。

- 當一個人找到自己想要改變的理由、動力，改變的速度將如同星星之火，可以燎原，很快的就可以燒得一片通紅。

5 月 13 日，那天哥哥接到我的電話，他單純從我的聲音、語調就知道，我「開竅了」。

我跟哥哥分享我的領悟，不用我強調他也了解，這回我是來真的，跟前兩次的「試試看」，氣勢完全不一樣。

我跟他說，這回我真心想要減肥了，為了我那尚未出生的女兒，也為了和家人長期美好的生活。

說真的，在我還沒當爸爸前，心底總是有一種「得過且過」的生活態度。我知道自己健康狀況不好，卻依然不控制口慾、體重，夜夜嚴重打呼，後來去體檢確認我有呼吸中止症。但忙碌的我總是想：「好吧！我身體不是那麼好，那又怎樣，人各有命，如果真有一天我的身體報銷，我有個很有成就的哥哥，他會負責照顧老媽。如果我的家裡沒有我，我那正妹老婆本身就是業務好手，她要養家也不會有問題。」

　　總之，從前的我，對健康問題不以為意，也因此就少了想減肥的強大決心。這樣說起來，前世情人的威力果然驚人呀！若沒有強大動力的人，或許可以試試這招。

　　現在我真的想通了，在此也要跟讀者分享幾句深刻烙印在心中的警語：

　　如果今天一個人，

　　因為意外或者不可抗拒的疾病，離開了，

　　那叫做天意。

　　但如果是自己可以控制的，

　　自己卻不掌控，

　　那叫做自己找罪受，

　　對身邊最愛的親友來說，那叫做不負責任。

曾經，我以為工作努力，可以賺錢養家，做隨時領得出錢的提款機，就叫做負責任。

曾經，我以為奉公守法，做人做事行得正做得直，就算是肥宅也無所謂，人生這樣就夠了。

直到即將身為家長，我才知道，我們每個人不只要對自己負責，更要對愛你以及你愛的人負責。

所以，我也要鼓勵所有想減肥的人，今天，可能是為了想要外表美一點而減肥，可能是為了想要出席同學會不想太丟臉而減肥。無論任何理由，都無法覆蓋掉一個核心的原因，那就是要健健康康的活著，照顧、陪伴家人。而健健康康的活著，就需要一個較為標準的體重身材做為開始。

於是，我最敬愛的哥哥，我那永遠身為家中典範的哥哥，很令我感動的，當天就捨命陪君子，不但親授我減肥祕訣，並且還拋開所有事情約我出來「運動走走」。

感恩兄弟情義相挺，我下決心的第一天運動，就從這時候開始。

建立信念的三件最重要的事

減重簡單嗎？減重的技術面簡單，難的是開始後能堅持做下去。就好比閱讀一本書簡單嗎？很簡單，一頁一頁看下去就好，難的是在看完書皮、封底，打開書本開始看之後，能不能持之以恆，能否堅持從第一頁認真的看到最後一頁。而這個能讓人堅持把事情做好做滿的強大執行力，依靠的就是「信念」。

因此，當一個人無心做一件事，任何人再怎麼威脅利誘也無濟於事，但若一個人有足夠的信念，不用任何人催促、提醒，都會使命必達。兩年多前，哥哥就曾和我分享減重的好處以及方法步驟，只是那時的我沒有真正用心，所以左耳進右耳出。哥哥也知道我心不在此，多說無益，再說下去只會產生反效果。

但，這回我真的被雷用力的打到了，我強大的「信念」就是要能長久陪伴心愛的家人，只有我能牽寶貝女兒走紅毯，只有我能牽正妹老婆的手。這個信念只有健康的身體，只有從肥宅變正常體重才做得到。

當晚哥哥陪我運動走走，關於運動、飲食的技術面，其實三言兩語就可談完，但他特別語重心長的和我分享三大要點。他說，如果這三件事沒做到，那麼這回的減肥，肯定也會是銘謝惠顧、下次再來。

我這回是認真的，當下請哥哥把內功心法傳授給我：

一、絕對不要自我欺騙

很多人覺得奇怪，我們怎麼可能自我欺騙？

但事實上，我們真的常常自我欺騙。

如果我跟自己說好，今天要把這件事完成，後來因為某種理由無法完成（不想做的事永遠找得到理由不去做），我們會告訴自己，今天太晚了，改明天吧！這件事其實沒那麼急、沒那麼重要，改天再做吧！覺得有點頭痛不適，算了吧！

假想，我們和某人約會，某人每次都一定遲到，都一定有各種藉口，都一定有很多的「因為」、「但是」，那麼，你還會再相信這位某人嗎？我不會，而且根本就不會再約某人了。除非這個某人是某個還沒到手的女神，不過我的女神就是我女兒的媽。

回歸正題，這個「某人」，就是你自己。

也許人們會說，我怎可能不信任我自己？但事實上，我們大部分人之所以減肥不成，想學什麼事情半途而廢，主因就是我們的潛意識已經不信任自己，早就把自己當作放羊的孩子了。

如果常常欺騙自己，我們所許下的任何承諾，都會是三分鐘熱度、虎頭蛇尾、到不了遠方。

我哥哥對減肥這件事，開宗明義第一個跟我強調的重點，就是「誰都能騙，但絕不能騙自己」。

　要減肥，應該怎麼吃就怎麼吃，應該怎麼動就怎麼動。不要自己告訴自己「反正多吃一口沒人知道」、「今天沒有堅持一萬步沒關係，有機會再補回來就好」。

　只要騙一次，就會有第二次、第三次，最後，我們就會習慣性的躲回舒適圈，放棄改變。一切又回到原點，與其如此，乾脆想清楚再來。

二、沒有奇蹟，只有累積

　電視上常會演出一些化腐朽為神奇、小人物變英雄的故事。

　但減肥這件事，如同我們生命中很多重要的事一般，靠的是扎實的執行，沒有什麼一步登天的捷徑。雖說沒有奇蹟，只有累積，但快速、大量的累積，卻是有可能產生奇蹟。

　我們李氏兄弟最重合計 252 公斤，最後合計減掉一隻成年豬仔的重量，也就是超過 100 公斤，截至目前，我也一直維持在 70 幾公斤左右。我的老天鵝呀！能想像嗎？我身上曾經有半隻豬的肥油，只能說我的老婆對我是真愛，下面就是我們兄弟倆的戰績。

※ 兄：500 天瘦 70kg（142kg 降到 72kg，體脂降 33%）
※ 弟：150 天瘦 30kg（110kg 降到 80kg，體脂降 15%）

所謂目標完成，當然不是像在高速公路開車，方向盤轉一下，就可以換個閘道出口，去到一個不同的地方那麼簡單。當我們為自己正式設立目標，以減肥來說，那就代表著要推翻舊的自己，建立一個新的習慣，並且要「每天持續」做下去，直到像每天都要滑手機一樣的習慣為止。

這件事非常不簡單，因為大多數人的天性，都會去找容易的事、簡單的事做。要改變絕對是痛苦的，絕對會有很長一陣子不適應。

想要一次到位，速戰速決嗎？也是可以的，但卻不太好，就像好醬油需要時間釀造，要速成就只有變成味道相似，但不健康的化學醬油了。

如同我哥哥說的：「快就是慢，慢就是快。」

怎麼說呢？

如果我們一昧求快，以減肥來說，可以做抽脂，也可以幾天內刻意不吃東西。但結果呢？抽脂後會短暫消瘦，但飲食與運動習慣不改變，會胖回來也是很常見的。

刻意不吃東西，只是變得更餓，到頭來反倒吃更多。求快的結果，反而不容易達成減肥任務。

而穩紮穩打的減肥方法，看似慢慢的，但效果卻能永久。尤其在最終變成習慣後，在減肥這件事裡將不再陷入永無止境的鬼打牆。

三、要心甘情願，不要單靠意志力

意志力很重要，許多人跑步、讀書或追求單月業績，最後成功靠的就是意志力。但在減肥這件事上，我哥哥反倒告誡我，減肥不能只靠意志力。

為什麼？想想我們的日常生活種種習慣。

我們打電玩、追劇時需要靠意志力嗎？當玩到興起時，甚至玩到半夜、天亮，不需要意志力也能玩下去。反倒是電玩還沒破關、神劇還沒看到結局就要停下來，才更需要意志力。

因為這是人的天性，我們會做「我們喜歡」的事。

減肥，不能只靠意志力，因為靠意志力會痛苦，痛苦的事情就不能長久（但被虐狂不在此限）。當我們跑步、考前讀書以及拚業績時，可以靠意志力衝刺，因為這些事都是「有期限」的，只要期限到就可以不用做了。

　　但減肥不是（除非你設定的目標是只減肥「幾天」，好比說婚禮那幾天不能太胖），減肥不但是長期抗戰，甚至讓自己「維持標準體重」這件事，還是終生的目標。

　　這樣，若老是心存「強迫」、「硬撐」的觀念逼自己做，那是不容易長久的。所以我哥哥給我的第三個忠告，他要我減重，並且，要心甘情願「快樂的」減重。

　　要怎麼心甘情願的做呢？想一想，你喜歡做什麼事情，可以跟運動一起做，或在哪裡運動會讓心情愉悅。

　　我喜歡聽演講，所以在運動時會邊走邊聽，大大的提升了運動時的愉悅感。有些男生會去看得到正妹的地方運動，除了讓心情愉快，甚至可以想像瘦下來變帥時，就約她去看電影，這是剛開始時讓自己心甘情願的做法。

　　我把哥哥的內功心法，彙整成三句口訣：

莫忘初衷
樂在其中
貫徹始終

　　如果真的可以做到這幾點，那麼就可以開始減重規畫。

記得，不要再說「明天再說」。

如果不去改變，明天跟今天一樣，後天跟明天一樣，依此類推，終其一生的體型跟現在不會不同，甚至可能會因為年紀、新陳代謝降低而更不好。今天，就等於未來的一輩子，想到就覺得很恐怖！

所以要改變，請從「今天」就開始，而且要讓心甘情願的減重、運動，變成喜歡，要把運動搞得就像吃美食、甜點一樣，想到就覺得快樂，就要進階到更內心層次的調整快樂與痛苦的比例，這樣的技巧一定要試試，或許會是減重成功的關鍵。

- 「放大」去運動與飲食控制的「快樂」。
- 「縮小」去運動與飲食控制的「痛苦」。
- 「放大」不去運動與不飲食控制的「痛苦」。
- 「縮小」不去運動與不飲食控制的「快樂」。

具體調整方法是，先想像在時間拉長後，瘦身有成的自己，好好的、深深的感受減重有成後，身體輕盈、精神爽朗、隨便穿都帥、都美的感覺，連心中的女神、男神都會投以欣賞的眼光。感受完再拉回現況，這時行為就會較容易改變！

阿母的內心話

鏟肥肉就是孝順

───專訪李明泰的母親

　　李家兩個孩子，都在三十幾歲時，事業便有所成就，也都從百斤身材減到標準體重。教養出這樣優秀孩子的母親，肯定有些故事可以分享。以下就是專訪李明泰母親的內容：

不讓家人操心的孩子

　　當媽媽的，一定都是只看到好的一面，提起明泰這個孩子，他從小就很孝順乖巧，非常的懂事，在過胖之前，從來沒讓我真正操心過。

　　原本我和先生住在永和，我是護士，先生是工程師，兩個兒子的成績都很好，一家過著幸福快樂的生活。不幸在明泰還在念小學六年級時，先生癌症過世，當時我評估自己的護理工作是三班制，恐怕無法好好照顧孩子，為了孩子，我決定要回到臺南麻豆老家，便在很快的時間內辦好轉學及搬家。

在南部鄉下有較多的親戚可以幫忙看顧小孩，剛開始我們是住在婆家，後來我們在麻豆的房子蓋好後，我就帶著兩個兒子搬過去住，恰好那時我也已經找到高中校護的工作，所以照顧孩子沒問題。

　　麻豆的家，在先生生前就已經開始蓋了，完成他的遺願也是我們的目標。我印象很深刻，回到麻豆後，明泰雖然才小學六年級，卻很懂事。小朋友放學後通常都會到處玩，但他一下課就跑到工地幫忙，小小年紀的他，就懂得拿根鑿子，安靜認真的幫忙將工地上多餘的水泥塊清掉。他的貼心、懂事，讓當時失去另一半、必須獨自養大孩子的我很感動。

　　記得有一晚，我語重心長的對著孩子們說：「你們知道媽媽的職業是護士，每月薪水不多，我們家經濟條件就是這樣。所以以後你們若想追求更好的生活，一定要靠自己的努力。」

　　我覺得這兩個孩子都有把我的話聽進去，他們用功念書，出社會後也都有很好的成就。當年考大學時，我鼓勵他們考公立大學，因為家裡無力供應他們念私立大學，結果兩個孩子，一個考上臺大，一個考上政大，真的完全沒讓我多操心。

對孩子最擔心的事

雖然兩個兒子都很會賺錢，但我的教育觀念，絕非要求金錢至上。相反的，我曾經告訴他們：「人在這世間，最後只有三件東西可以帶走，第一是學問，第二是健康，第三是品行。其餘的，不論你有多少錢、有多少財產，那些都是帶不走的。」

後來這兩個孩子，不僅努力拚事業，在待人處事上也能夠樹德，我感到很欣慰。

若說到他們兩個比較讓我擔憂的就是健康了，小時候，哥哥雖然稍微胖一點，但弟弟明泰還算標準身材，一直到高中、大學時代都還是壯碩青年，並不算胖。然而入社會後，我想是因為工作壓力大，所以身材就越來越臃腫。

身材一直變胖，另一項主因就是缺乏運動。明泰學生時代，其實也算運動健將，運動會經常上臺領獎，參加籃球賽、桌球賽也有拿到獎盃。愛運動的他，後來因為工作忙碌，不再運動加上飲食不正常，變胖這樣的職業災害也就更無法避免。

曾經，當明泰說要加入保險工作時，我是反對的，但我不會強迫孩子一定要聽我的話。只是因為我的二姊也是從事保險業，這行業非常辛苦，收入又不穩定。我將我的意見跟明泰分享，擅長分析的明泰告訴我，他做過認真的評估，確定他要從事保險

業，如果孩子已經立定志向，我也就只有祝福他了。

明泰後來一步步完成了他設定的目標，但如同前面所說，這工作最讓我擔心的就是他因為工作壓力，不控制食慾又缺少運動，後來也變得和他哥哥一樣，兩人當時都是過重的阿肥。當媽媽的我，實在不想說自己的孩子是阿肥呀！

我對孩子的管教，採取信任的方式，但針對健康，我還是苦口婆心的提醒。若體重過重，會影響很多身體機能，因為身為護理人員，我知道肥胖對健康的影響。我告訴他們：「減肥要趁早，在 40 歲以前，身體的新陳代謝都還很良好，那時減肥比較容易，若等到 40 歲後，再想減肥，就會困難重重了。」

很顯然的，兩個孩子都聽進去了，加上他們不知因為什麼原因的想通了，先是哥哥明哲，後來是弟弟明泰，兩個孩子都能在 40 歲前成功瘦身。

這也讓做媽媽的我放下心中一塊大石頭。

照顧好身體才有幸福人生

如今我也 70 歲了，早在 10 年前我就已退休，由於孩子們都在臺北，我也就搬上來臺北住。

身為母親，我最關心孩子們的建康，他們也最重視我的健

康。所以我知道，要讓兩個孩子安心的最好方法，就是照顧好自己的身體。

最早的時候，我知道我的大兒子透過每天走一萬步的方式，讓自己成功減重。2017 年我的二兒子明泰，能成功的減重，也是因為走一萬步。可見「走路」這件事，真的對身體很好，又是很容易做的「運動」。

原本我搬上來臺北時，因為年紀大了，有血壓的問題，也曾經因為暈眩，多次被救護車送去醫院。孩子們擔心我的身體，我也想讓自己身體更健康些，不要帶給兩個兒子困擾，所以我學習他們兩個的做法，開始走路運動。

對現在的我來說，走一萬步是小事一件，我每天大概會花兩個小時走一萬步。明泰也送給我一個計步器，方便每天計算走路的步數。

因為每天一萬步的關係，我確實覺得身體變得比較好，比較不會有血壓的問題，所以我非常相信明泰想要強調的，每天走一萬步的好處，可以不花錢就減肥，也有助於健康。

我也想對所有在社會上工作的朋友說，不論是上班族或大老闆，賺錢雖重要，但這世上沒有什麼比健康更重要的，若沒了健康，什麼都沒有了。

所以工作之外，也要重視自己的健康，包括三餐、睡覺要正常，生活中每件事都要平衡，要適時舒壓。任何健康問題，包含過重或痠痛問題，根源一定都和生活方式有關。若發生問題了，不要拖延，先把身體照顧好再說。

　　明泰原本過重，我看他經常滿臉疲憊，讓我非常憂心。還好這半年多來，隨著他減重有成，氣色也變好了，在臉書上看到他貼了很多帥氣的照片，知道他有恆心毅力，達到自己的目標，我也替他感到驕傲。

　　人人都說想要孝順父母，但真正的孝順，不是要給父母多少錢，也不一定要整天陪伴，只要不定時有來噓寒問暖就好。最重要的，還是把自己的健康顧好，那樣對父母來說就心滿意足了。

李家全家福

第二篇

選擇及時間篇
——用那道雷劈開阻礙並成為能源

如果一個人真正想做一件事，一定會想盡辦法去做、去達成，不需要催促，不需要提醒。

就像我們在朋友的臉書上看到放閃照、愛情宣言，隔天卻聽到他們已經分手。原來這個情人其實對他不好、把他當成工具人、提款機，但當時還沉迷於對方的甜言蜜語、各種矯情作為，只有自己突然頓悟時，才會頭也不回的斷、捨、離。

就像電視裡演的，那些喜歡賭博的人，就算是拋家棄子也要去賭，就算是家人苦苦哀求，就算是敬重的人說之以理，動之以情的勸誡，還是要賭。

同樣的，也有那幡然覺醒的人，就是決心要拚了，決定要上進了，本來怎樣勸都勸說不動的人，現在不用人勸說，就是改了、變了。

所以當那道讓我頓悟的雷打中我之後，它就是我改變的源頭、信念，而被雷打中的瞬間，是改變的念頭最強大的時候。只是會隨著時間流過、環境變化，慣有的舒適圈又不斷把自己拉回去，改變的念頭、行動會漸漸變弱。

所以要在信念還夠強大時，先借力使力，用這大雷把最大的阻礙劈開，並在過程中不斷為它充電，讓它能繼續拆解其他障礙，甚至讓它成為優化自己的電源。

所以，我們看到世界上有各式各樣的勵志書、方法指導手冊、演講以及名人的慈善義行可以做為大家的典範，但一個人要不要做一件事，終究還是要從「心」著手。

　　自己，就是自己人生的主人，不需要找理由與藉口，因為找藉口這樣逃避的行為，對人生完全沒有幫助，只是用來發洩心情，或是抒發情緒而已。人面對事件的刺激，到產生反應之間，有一個巨大的空間，稱之為「選擇」。

　　選擇了Ａ，就會執行Ａ計畫；決定了Ｂ，就會以Ｂ計畫行動。現在，是過去選擇後產生的行為堆疊來的；未來會是什麼模樣，是以現在的選擇、行動積累而成的。簡單來說就是種瓜得瓜、種豆得豆。

　　人性有時候，不會主動的去做「重要而不緊急的事」，一拖再拖，日子久了，不緊急的事就會變成事到臨頭，此時卻已經來不及解決這個最重要的事了。

　　例如身體健康就是這樣，年輕時往往用健康換事業、換「賺多一點錢」，老了用賺來的錢買健康食品、進醫院維修來換回健康。若學會「時間管理」與「目標設定」，就可以讓Ａ計畫與Ｂ計畫同時、均衡的進行，讓自己以最接近無痛、佛系的方式往更好的自己邁進。

是真的不能，還是選擇讓自己不能？

讓我們先釐清，是真的不能？還是選擇了讓自己不能？

以前我胖也是不得已的。

我那時總是這麼說，並且我這樣說也說了十幾年了。

我真的可以說得理直氣壯，因為我是個業務。

什麼叫業務？業務就是常常拜訪很多人，一天到晚必須交際應酬的人。以前家人偶爾會提起，我的體重過重了，應該克制一下。我總是說，沒辦法，我必須要陪客戶吃飯。

說真的，我有一卡車無法減肥的理由可以說。

做業務，拜訪十個人可能九個拒絕你，這時怎麼辦？為了安慰滿腹的委屈，破碎的玻璃心，最好的方法當然就是去吃吃喝喝為自己打氣、加油。

終於，客戶同意我們的提案，準備簽約了，自然是要大大的慶祝，怎麼慶祝？當然就是去吃大餐犒賞自己囉！

身為主管，有一群團隊夥伴，總有不同的夥伴們需要激勵。當他們感到消沉、低潮時，做為一個稱職的領導者，有時就會跟他們去吃一頓好料，一起聊聊、發洩情緒，把那些食物當做討厭的事，全部消滅。

當團隊有好表現，身為一個好主管，二話不說，錢不能省，

開個慶功宴是一定要的，迅速一起組成腹酬者聯盟，而且還要做好做滿。

　　所以，我真的有百分之兩百的理由，我真的就是不能避免變胖的結局，因為這是做業務的宿命啊！

　　當然，這是以前的我，如果現在的我還是這麼想、這麼做，就不會有這本書問世了。

　　現在如果有人以同樣藉口跟我說，因為身為業務，他無法克制飲食，「人在江湖、身不由己」嘛！

　　因為我已經走過，所以我會說：

　　人生說到底，就是不斷的選擇。可以選擇要或不要，也可以選擇什麼事是 VIP 等級，什麼事情必須坐一陣子冷板凳。

　　現在我每天會控制好飲食，體重維持在最適當的 70 幾公斤狀態，同時，我仍可以帶領我的業務團隊，持續往前衝。

　　我依然可以參加客戶的應酬，應酬時若是在餐飲場合，我還是會節制我的飲食。如果是熟的客戶，我就直截了當的告訴他，為了我的健康、身材、前世情人，我必須節制飲食。如果是不熟的客戶，我就用些心思只吃較健康的食物，不讓對方覺得我在拒

絕他的好意。

心情不好時，不需要靠吃東西填補空虛或受傷的心靈，運動一樣可以激發自己的士氣。當業績達標、簽了新合約，我也不必因此到餐廳大快朵頤，我可以買航海王周邊商品獎賞自己。

對於自己的夥伴們，除了吃吃喝喝外，我可以用其他方法，同樣達到激勵的效果，比如去看場電影。若真的想要放縱吃多點，就必須選擇多運動去消除多吃點產生的熱量，而這多運動，可以是增加運動時間或增加運動強度。

既然人生就是一種選擇，以下我就來聊聊有關選擇，不論是從事業務工作，或者立志減重，都一樣。

選擇過更好的人生，不需要犧牲

這世界是公平的，就算是很有錢的人，一樣有選擇的極限。

有錢人可以選擇搭不同航空公司的頭等艙、吃一客上萬元的頂級牛排、選擇今天開 BENZ 明天換 BMW。

但就算是有錢人，也跟所有的人一樣，每天只有 24 小時。今天選擇要去日本東京，就不可能同一天出現在美國紐約；今天選擇陪大客戶逛商展，就無法去參加女兒的小提琴表演。

這件事很公平，不論是比爾蓋茲或者是社區裡打掃的阿姨，

他們面對的問題是一樣的，在同一個時間裡，自己只能待在某個空間做某些事。

如果有人跟我說，他要努力打拚，為了「將來」成為有錢人，才可以好好陪伴家人。我想分享的是，我很鼓勵年輕人打拚上進，但絕對不會鼓勵一個人一定要犧牲現在換取未來。就算是要犧牲什麼，也千萬不要把責任推到任何人身上，因為一切都是自己的選擇。

一定要選擇犧牲家人才能賺大錢嗎？

- 一定有一種可能，是白天上班時間就全力以赴，下班時間就不太需要交際應酬的工作方式。
- 不可能每個客戶都是夜貓子，都必須陪伴到三更半夜。
- 有沒有一種可能，我們把不需要做的事「做得很好」，而真正每天該做的事，卻常常一天拖過一天？是不是把無關緊要的事，擺在高價值工作項目之前呢？
- 是不是可以在進行工作之時，先做那些 20% 很重要的項目，而這些項目可以創造 80% 產值。並且在進行之前，花一點時間預先規畫，讓工作的進行可以順利完成。甚至，可以因此而多出更多的時間，做其他想做的事或更有意義的事？

有三件事是現在犧牲了，即使以後很有錢，也不一定換得回來的：

一、親情

不能現在拋妻棄子，整天在外面打拚，然後說「等有錢後」再補償他們。

等到有錢時，也許夫妻感情早已消逝，孩子已經長大離巢了，甚至可能是老婆捲款跟著小王跑了，或者是孩子把隔壁老王當爸爸。

更不要對父母說：「以後再載你們出去玩。」如同江蕙所唱的那首《落雨聲》所述說的：「嘸通等成功欲來接阿母住，阿母啊已經無置遐。」（不要等成功了才接母親一起住，母親已經不在人世了。）

又或者像韓國電影《與神同行》裡的主角，自己突然掛了，就再也沒辦法陪伴母親了，所以定時與敬愛的長輩聚聚，這件事一定要排入行程。

最近，我跟我媽媽去參加 90 分鐘走萬步的活動，期限內完成還可以拿獎牌呢！

二、青春

有句話說：「有些事現在不做，就一輩子都不會做了。」

因為未來會發生什麼事，不是完全能掌控在自己手上。心中認定對的，值得去進行的，現在就立刻著手行動，未來才不會後悔當時沒有行動。

最近，我們拍了夫妻雙邊家族的「全家福」，我也租了大型重機與夥伴在兩天內環島成功，未來還會結伴單車環島。

生命應該浪費在值得的人及美好事物上，尤其是已經出現在生命清單上的事情，一有機會就要盡快執行。

三、健康

我們不能等到「忙完了、賺夠了」，再來關注健康。如同有句話：「閻王要你三更死，誰敢留人到五更？」

何時會突然因病倒下，完全不是我們能決定的。到時才想到隔壁的米其林餐廳我還沒去吃、沒有陪孩子長大、沒有帶另一半去旅遊……，還有好多事想做。

就算戶頭存款有好幾個零，但面前的任何美食都吞不下去；知道外國的某個海灘有很多比基尼女郎，也都只能從網路上看看，無法在現場好好觀賞，那時才想到健康的重要，已經後悔莫

及。

　　因此，我在跟朋友互動時，會建議對方花一點時間，好好認真思考，當生命終結那一刻，奔向彩虹的自己，希望怎麼形容這一生，會不會有什麼遺憾？依此來決定現在該做什麼樣的事，用長遠的終極目標，再往回推中期、短期以及現在該做什麼，了解真正想追求的是什麼，用「以終為始」的概念，來好好規畫「活在當下」的內容、項目。

　　當一切都想清楚了，人生的決定權是掌握在自己手上，是自己生命的主人，或許就能更心甘情願做對的事！

時間管理與人生選擇

　　時間若可以更有效率的運用，不一定需要選擇犧牲運動時間。更何況有些時候，變胖單純是個人無法忍受嘴巴的寂寞、空虛、冷。

　　假日時，寧可選擇完全放鬆的躺在沙發上，大嗑炸雞薯條，也不願撥個一、兩個小時去走走動動。發洩情緒，不一定要透過打電動、追劇或吃東西，或許透過「運動」或者「閱讀」，更容易導向正向循環。

　　不過，理論與實務的結合，看起來很簡單，真的執行時卻沒

那麼容易，我自己就是一天拖過一天，直到 38 歲，前世情人要駕到，才終於下定決心減重。

難道在這之前上天沒給我足夠的選項嗎？其實選項一直都在，只是我總是找藉口把那些真正有益的選項排除。這又牽涉到另一個很重要的觀念，那就是時間管理。

說起來，選擇也是一種時間管理的學問。

選擇是「價值觀」排序問題，同時也是「時間管理」問題，而兩者也可能會互相影響。

怎麼說呢？以我自己的經驗及觀察，一個意志力薄弱的人，很容易用「時間不夠」來當藉口。而潛意識裡為了表示自己真的時間不夠，他們可能就會不知不覺的刻意讓自己做事更沒效率，以「符合實情」。

舉例來說，曾有個朋友，他和妻子倆要去輪班照顧住院的老丈人，但那個朋友總是表示為了拚事業沒空，請妻子多擔待。實際上，他真的那麼「沒空」嗎？明明時間可以彈性調整，但他就會不自覺和客戶約晚上七點見面，再約一個九點見面，事實上客戶自始至終都沒有特別表示說白天不能見面。

　　當這位朋友理直氣壯的拿著行事曆跟妻子說，他為了養這個家「不得不」打拚到深夜，與其說他要說服他的妻子，不如說他想撫平自己的罪惡感。

　　這樣的事一再發生，到最後連他自己也相信了，這是變相的自我催眠。於是長期下來，他完全不去思考是否有更好的做法，可以改變打拚到深夜的狀況，反而養成了工作沒效率的習慣。

　　回頭想想，我們自己是否也有類似的情形呢？

　　每天忙忙忙，但真的有那麼忙嗎？

　　只要願意，可以自己先列清單，條列出今天做了哪些事，就會發現，一天內可能完成十件事，其中有八件都是沒什麼重要性，那些只是可以讓自己「看起來很忙、很認真」的事。

　　真正重要的事，可能是做起來有點頭痛，所以避免辛苦的人性就會啟動，重要的事自動挪到改天再說。一挪再挪，挪到最後已經是到期前一天，不得不熬夜加班趕工，然後就可以對老闆說：「我真的很忙，你看，我昨夜通宵在辦公室加班，一整夜沒睡呢！」

　　現在，一起來思考一個問題，假設：

　　再過三天就世界末日了，還會玩這種「裝忙」的遊戲嗎？

　　好吧！也許說世界末日太誇張。如果假設心中的女神，也就

是這輩子非她不娶的那位，她終於答應求婚，但有條件，而且只有一次機會，結婚的前提就是，要在半年內瘦身 10 公斤。這個時候，工作即便再忙碌，會不會擠出時間來安排運動呢？面對雞排、鹹酥雞以及珍珠奶茶，會不會有不一樣的選擇呢？

許多時候，真正有期限的目標，出現在一個人面前時，就變得有效率起來。這是怎麼了？是什麼改變了嗎？為什麼突然腦子頓悟了？怎麼突然可以用最短時間把每件事安排好呢？

其實我們一直知道，手邊待辦的事項可以區分成四大塊：

重要但不急迫	重要且急迫
不重要也不急迫	不重要但急迫

當然，本書不是要談時間管理或提升效率。但我們要談健康與減重前，會牽扯到時間管理，這部分非常重要。我就曾經因為沒認真處理好這個時間管理的大魔王，拖延十幾年才進行改變，所以我也提供個人經驗參考。

不論是從事哪一行、擔任哪一種職務，這張表應該都派得上

用場。不用填上什麼例行工作，那不是本書的主旨，但「健康」
這件事，要安排在哪個框框呢？

　　健康包含減重、健康飲食、適當運動、健檢乃至於睡眠等項
目。當我們檢視這張表，可能會發現自己有以下的情況：

- 表上根本沒健康相關項目。也就是說，根本不認為這是
  一件「事情」。

- 次者，把健康相關項目，放在「不重要也不急迫」欄位，
  這已經好多了，至少把健康當成一件事。

- 情況好一點的，把健康相關項目，放在「重要但不急
  迫」，但糟就糟在「不急迫」這三個字。老實說，過往
  的我就是這樣，我一直覺得減重這件事是很重要的，和
  減重相關的如節制飲食、定期運動，也是「重要」的。
  但既然沒被歸類為「重要且急迫的」，就會自然而然的
  一拖再拖。

- 最後，健康有沒有可能被列為「重要且急迫」的時候？
  當然有機會，但很可能，已經是健康情況很慘的狀態了。
  為什麼「重要且急迫」，當一個人必須每月洗腎，或因
  為其他疾病要送醫，健康這件事的重要性立馬躍升為第
  一名。

也就是說，如果不把健康當一回事，就會一拖再拖，最終它就有很大的機會，以迅雷不及掩耳的速度，從「不重要也不急迫」變成「重要且急迫」！

有句話說的很值得深思：

我們的生命不屬於自己，屬於「習慣」。

如果，可以把「重要但不急迫」的健康，透過離開舒適圈，建立正確飲食及運動的「新習慣」，去對應到「最帥體型或最佳健康」，藉由時間的積累，達標就是水到渠成。

新習慣的建立，通常無法一蹴可幾，可以切割成幾個步驟、小目標，一個一個建立起來。我有個小祕訣可以提供參考，就是在舊習慣後面加入新的小習慣。

例如起床後做 10 個伏地挺身，因為起床這個習慣每天一定要做，10 個伏地挺身不難，需要的時間也很短。持續 21 天可能產生小習慣，持續 90 天變成大習慣，堅持 365 天或許就是長期習慣。

慢慢把每個有助於健康、減重的小習慣，植入日常生活作息中，就能慢慢往更好的自己前進。其實男人也是喜歡穿新衣的，

變瘦後就有正當理由狂買新衣服啦！

　　這邊，針對早起的好處與必要性，我也分享自己個人經驗供參考。有一種族群被稱之為「晨型人」，根據日本「早起身心醫學研究所」所長稅所弘所言：「六點起床算早起，晨型人是指五點起床。」

　　你們沒有看錯，再睜大眼睛看一次，沒錯，就是「五點起床」，就是老人家起床去公園練甩手功的時間。

　　你若是這個時間起床，我絕對不是說你是老人家。依據我自己的慣例，看到、想到不願意做的事都會下意識抵抗、拒絕，甚至會在內心產生反駁。這很正常，當下我看了也是如此思考，像我這樣的年輕人覺得不太可能往晨型人邁進。

　　但，往往我們抗拒的，可能就是「突破盲點」的關鍵。

　　有一次，又看到「早起」的相關詞彙，這一次好奇心發作，所以我選擇好好去研究，想知道究竟這個領域的人都在想什麼。經由估狗大神一查之下，便發覺應該要往這個方向努力前進。

　　前面有提到「莫忘初衷、樂在其中、貫徹始終」，我就這個部分跟「早起」連結去思考，該用怎麼樣的邏輯架起我從來沒想做的行為，讓自己可以養成早起的習慣。

一、莫忘初衷

找到為什麼要早起的原因，是因為渴望更好的人生，有固定的運動、閱讀時間，還可以思考、排定整天的行程，更多了與小朋友互動、陪伴的時間，最後這一項尤其重要。

而早起通常就會早出門，「交通順暢」大大減少了交通不順時，會造成的煩躁情緒。另外還有附加價值，就是早起精神特好、思考敏捷，而且據說早睡對身體較好等等之類。

二、樂在其中

根據我哥哥的分享，人在靜止時，若要啟動離開舒適圈，需要克服極大的「靜止摩擦力」。初期可以運用意志力去推一把，但只要是刻意使用意志力，都是痛苦的，所以不能夠長久，要在意志力耗盡前找到「樂趣」。

找到樂趣後自然就很喜歡，喜歡久了就成了新習慣，當然就能長長久久啦！所以，我也想找到早起的樂趣，而且天天期待、樂此不疲。

我還真的找到了，而且要我晚起比早起還覺得痛苦。我找到的樂趣是，有更完整的時間、更清晰的頭腦可以看書，滿足我吸收新知、每天都更進步的欲望。

　　而最極致的樂趣是，邊運動時聽著演講或有聲書。因為運動時，知道自己越來越健康、身形越來越標準，而聽著有聲書，就是在動態的情況下依然能吸收新知，深深感覺到自己正在升級軟、硬體。

　　也就是說，正在越來越帥又有內涵、能力，這也就是「放大」去運動與飲食控制的「快樂」之實際運用方法之一。

三、貫徹始終

　　設定好早起的「終極目標」，並且「視覺化」加上「感覺化」，進而與「價值觀、信念」連結，知道自己為何而戰？為誰而戰？自然就可以「雖千萬人，吾往矣」。

　　例如我的價值觀是「家庭」與「健康」，期待的畫面是「女兒長大後，一起跟我早起晨跑」（但未來她願不願意就隨緣囉），希望她能有很好的生活作息、運動與閱讀習慣，想到能為寶貝女兒建立起良好的典範，成為她心中崇拜的男神，總用著閃亮亮的眼神看著我。想到這裡，每晚設定鬧鐘五點都不手軟，早睡早起達到的機會自然高很多。

　　雖然我現在還無法做到每天都五點起床，但有超過一半的時間都能達成早起目標，並且還在持續努力當中，歡迎志同道合的

讀者們，一起加入「晨型人」的行列。

健康是這輩子最值得的投資

各位讀者也許發現了，市面上有很多的減重及健身書。

有些書著重在技術面，我的重點則是放在內功心法面。

其實，說到底減肥就是四個字「少吃多動」，而減肥的方法五花八門，運動的方式也是各有千秋，大部分的資訊都已經存在腦海中，上網搜尋都能略知一二，但往往都是「知道」卻「做不到」。

懂得飲食與運動相關專業知識的，是營養師或者運動相關人員，但他們的身材也不一定是最標準的。不過，卻有完全不懂運動與飲食專業知識的人，因為有強烈動機，而用自己的方法瘦身成功，變成鮮肉或正妹。

如果可以的話，當然兩者兼具是最好的，成功瘦身的方式千百種，但失敗的原因反倒比較能夠聚焦。常見的是：吃太多、動太少、愛吃油炸、愛喝有糖飲料……等，或許在健康瘦身時，除了找到自己的成功方程式外，避免別人失敗的原因，也是一個值得一起並進的方法。

以我來說，我是商學出身的，過往完全沒有任何的醫護背

景，也完全不懂體適能、運動技巧等層面的知識。即便為了瘦身學習了很多知識，但終究不是運動與飲食控制專家，算是以素人身分，最終成功瘦下來的經驗分享。

在本篇最後，我想分享兩個對我很有幫助的概念：

一、凡事可能有更好的第三選擇
——心得源自史蒂芬・柯維的《第三選擇》

當腦中被植入一個既定的概念，就很難跳脫出來做出客觀的判斷，也是俗稱的「當局者迷」。

如果生活在同樣的節奏或習慣，就會產生同樣的循環，好的事當然持續是最好的，但如果是不好的事，有時候就會一錯再錯。所以反思很重要，有位著名思想家笛卡爾說：我思，故我在，大家平常有習慣深度思考嗎？

缺乏思考，就會有一成不變的行為，等於短暫幾天學到的經驗用了一輩子，既使自身或環境都已經改變，卻還在用舊方法行走江湖。當我們想要更好、更進步，就會去蒐集新的資訊。

在市場調查時，有兩種狀況，有一種，是設定好答案，市調只是為了找出可以符合這個答案的樣本（即便這個樣本只是極少數）；另外一種，則是不預設立場，若市調後的答案與原本想像

不一樣，也選擇坦然接受，並訂下新的執行方案去達成目標。

突破框架思考，跟這個概念有點雷同。舉例而言，有時候我自己會陷入非 A 即 B 的困擾裡，例如為了和諧選擇退讓，卻讓自己「藍瘦香菇」，若選擇據理力爭，贏了面子卻輸了情誼。

決定瘦身當下的我，正處於「強敵環伺」的高壓狀況喔！如果各位讀者還記得，我是在女兒還在老婆肚子裡面時，正式開始進行減肥的。

我也不只具備一個角色，我是孩子的爸爸、老婆的老公、媽媽的兒子、岳母的女婿、承接總公司任務的主管、團隊夥伴的領導、學校系友會的委員、客戶的諮詢服務員⋯⋯等等，每一個角色都有相對應的責任與時間付出，當然也感謝大家的包容、體諒以及支援，讓我也得到很多的幫助。

說更詳細點，在瘦身的那 150 天，除了要 cover 老婆某些工作內容，中間還出國兩次，一次去日本 5 天，一次去澳洲 9 天，也多了產檢、媽媽教室陪伴的時刻。

生產前是步步為營，生產後更加手忙腳亂，加上陪老婆去月子中心住了將近一個月，同時也要把公司交辦的任務認真達成，還有很多零零總總的應盡之責一起進行中。

所以，就需要發揮「創意」，思考一下，有沒有更好的「第

三選擇」？後來我發現蠻多部分是很有機會的，舉例來說：

- 邊日行萬步邊思考。
- 走路去拜訪客戶或是上課。
- 出國時號召夥伴一起做伏地挺身。
- 發洩情緒時，從「吃」改成「運動」。
- 邊聽演講錄音檔邊走路或者跑步、健身。
- 與朋友的聚餐，改成一起去運動。
- 把參加的社團活動，轉換成運動類型活動，或參加相關社團。
- 原本和朋友互動 social 的話題，轉變成討論健康飲食或運動趣事。

……

如果可以跳脫非 A 即 B，就是創造 C 選擇，這個 C 甚至可以包含 A 也包含 B，這是一個雙贏甚至三贏的局面。如果運動及健康飲食的養成遇到狀況，先發揮創意思考是否還有「第三選擇」，而這個選擇對各方面都好，自然可以越做越起勁，甚至成為一種新的娛樂。

對於想做的事卻做不到，還有另外一種解讀方式，我也提

供一個新的想法讓讀者參考，有可能是因為從源頭的角度就不一樣，源頭是偏向「不知道」還是「不相信」？ 我來解釋一下這個想法，表面上來看，同樣都是發問問題。

不知道的人，如果足夠想要，就會努力學習，找到不足之處盡力去做，事情發展不一定那麼順遂。但重點來了，因為「相信自己可以」，所以會持續積極請教、實作，直到完成目標為止。

基本上帶著答案去找問題是人之常情，但只要能突破框架就會有不同的發展。

例如：我工作很忙沒時間運動，而且我一定要吃油炸的不然會不舒服，可否告訴我怎麼可以變瘦？

這個是典型求速成，若有變身藥水一定會請假去買。會這樣提問，其實本身已有答案，記得先別急著否定，好好找到資訊去打破框架。

是不是有些人其實更忙，但因為「時間管理」做得很好，所以有空運動呢？他們都怎麼做？一起來討論一下可行性？有沒有人原本也愛吃炸的，後來變成不喜歡，但卻變得更開心？為什麼呢？他們的心路歷程以及作法是什麼？要不要嘗試看看？

不相信的人，會在答案裡面找問題，再從第二層問題的答案裡面再找問題，再從第三層答案裡面找問題，就這樣無限循環。

因為不相信自己可以做到，所以要找很多理由跟藉口，證明自己的「做不到」合乎邏輯，渴望人生更美好，心裡卻總是不相信。

在旁人眼中，這樣的人看似推卸責任找藉口且不思長進，常常皇帝不急，急死太監，需要旁人一直給予正向能量才能活下去。其實，不相信的人也在努力改變中，給予彼此更多的時間與資源，不相信的人就有機會「改頭換面」！

例如不相信自己會瘦下來的人，因為環境力量開始「每日一萬步」加上「飲食控制」，雖然心中不相信，但卻真的瘦了下來，而且持續下去，慢慢就有了自信，接著越來越有成效，然後就越來越有自信。

當一個人覺得自己很棒時，任督二脈就通了，其他的事也就容易達成，所以「自信」可能就是「不相信」的人需要面對的人生課題。

我從以前到現在都是如此，有時會因此落入類似這樣的盲點而不自知。

有句話我自己內心是這樣解釋的：

成功者千方百計（不知道→知道資訊→努力做到）。

失敗者坐困愁城（不相信→知道資訊→證明自己做不到）。

所以，所有事情都有很多種方法可以達成，絕不是只有那一條路才能到達。

　　積極樂觀的想法，會更有助往更好的自己前進，因為「相信就會看見，看見就會實現」，也就是相信做得到的話，就會想到、看到各種方法，執行後就會實現心中想要的。

二、領先指標與落後指標
——心得源自蕭恩・柯維等著《執行力的修練》

　　例如，以目前的體重來說，現在的重量就是「落後指標」，而這個重量的「領先指標」，就是「運動時間」、「飲食控制」。

　　若再往前推，「運動時間」如果算是落後指標，它的領先指標應該是什麼呢？可能就是「時間管理的能力」，造成現在的「運動時間」。如果「飲食控制」是落後指標，它的領先指標又是什麼呢？可能就是「營養知識與卡路里熱量計算與記錄」之類的。

　　好比以前我們在念書時期，得到的成績就是落後指標，念書時間、研究書本知識、訂正錯誤的學習，就偏向是領先指標。而另一個角度，每次的段考成績，會是考上什麼學校的領先指標。

　　假設，重點只放在落後指標（結果），就會忘記源頭的領先指標（過程），若只看領先指標，有時候又會忘了跟目標之間的

差距，最好是兩者兼顧、配合，這是比例調配的問題。

比如要追個心儀的正妹，只是狂追不一定追得到，文青正妹跟夜店正妹的追求方法一定不一樣。

有時候會發現，無法專注思考「追本溯源」，有一個可能性，就是現在的資訊量過多，思考卻太少，永遠在線上，隨時有干擾，所以大腦常常習慣分心，看臉書、查 LINE、滑 IG 等等，不容易深度工作與思考，也不容易進入「精神時光屋」，也就是所謂的「心流」。

而真正在一個領域的高手，通常都需要一萬小時的專注時間投入，真正要達到運動效果，通常都要在運動時認真，而不是有一半的時間都在滑手機。所以，學會把心力放在對的地方專注執行，也是一個重要的人生課題。

這邊也提供一些有助於養成減重習慣的的閱讀心得（心得源自米哈里 · 契克森米哈賴的《心流》），經由運動、靜坐或專注力強的拼圖、組裝模型等等方式，可以培養專注力，產生高峰經歷，進而創造心流經驗。

心流，就是不用刻意專心的狀況下，也能專注某件事裡，無感於時間不斷流逝。就像小時候的下課十分鐘，總覺得才下課十秒鐘而已。

每個人都一定有類似這樣的經驗，吃完早餐後開始專注做某件事，抬起頭時居然已經到該睡的時間了，中間吃了什麼做為午餐、晚餐，居然沒什麼印象。

　　有了心流經驗，未來，也比較容易找到「開關」切換進入「心流狀態」。而「神馳狀態」在《心流》這本書中，又是怎麼定義呢？具有獨特性（自我價值的存在感）與複雜性（任務有整合具挑戰），這樣就會較有成長，更有機會進入心流狀況。

　　若能在進行減重時加上各種配套措施，讓自己能進入心流狀態，甚至神馳狀態，就會不自覺拉長運動時間了。

　　對於能造成心流，我覺得通常是正在做「上癮」的事情，而上癮在不同的事情，就會有不同成果。

　　如果上癮在「吃」、「上網」與「負面」，就會產生因找到逃避點，長期累積而變胖，內心空洞又愛抱怨的酸民。

　　而如果上癮在「運動」、「學習」與「正面」，就會產生因找到樂趣，長期累積擁有較好身材、內涵，及工作成就的夢想實踐者。

　　另外，有一個類似的觀點，就是有些人常說的，專注在「關注圈」還是「影響圈」？（此心得源自史蒂芬・柯維的《與成功有約》）

　　所謂的影響圈，就是能力上可以改變的圈子；而關注圈，就是只能評論，生悶氣無法改變的圈子。

　　把時間花在關注圈，影響圈就會越來越小；而把時間花在影響圈，慢慢自然就能擴大影響力，進而提升本身能力，好事自然會發生。

　　為什麼這個觀念對我減肥有幫助呢？因為，我發現我只要少做一些事，或者少一些交際應酬，就有更多時間可以運動，或將飲食控制得更好。

　　但有些交際應酬或該做的事是無法避免的，是必須完成的，完全無法更動，這個就屬於「關注圈」，當然一直關注，不僅於事無補，更可能產生情緒，進而負面影響其他人事物。

　　如果我把重點擺在「影響圈」，擺在我現在可以調整、改變的事情上，比如努力增加自己的能力或人脈，或許一陣子之後，做這些事的速度就從龜速變成光速了，或者是有擅長的人願意跳出來協助我處理。

　　也就是說，對於減重這件事，專注在影響圈，想一想還有哪些事是我可以調整、改變的，並且減少在關注圈做個無濟於事的評判者。

　　所以，學會分辨「領先指標」、「落後指標」，以及了解「關

注圈」、「影響圈」，讓自己上癮在對的焦點，並且不斷練習學會進入心流加強個人層次，也是我自己在整個過程中，有運用到的思維模式，也提供讀者們參考。

佛系減重成功的哥哥觀點

專心做好當下，結果順其自然

──專訪李明泰的大哥 KKBOX 總裁李明哲

說起減重，就要提到早在李明泰成功減重的兩年多前，就已經因為減重及事業有成而接受過媒體專訪的哥哥李明哲。他不僅減重有成，並且也是李明泰後來減重成功的重要關係人。

這對兄弟，雖然以結果來看都是減重成功，但論起性格，卻是完全不同，對於減重的理念也是不同，這裡提供了另一個視角的成功減重模式。

以下是李明哲的專訪：

自己的肥肉自己減，人人有自己的模式

看到弟弟能夠減重成功，並且各項健康檢查指標都很好，我自然是很高興的。但若說這是受到我的影響，我倒是覺得不敢當，除了 2017 年在他宣示要減重那天，給了他一「大」點 PUSH 的動力外，後來他能減重有成，完全是靠他自己努力。就

像我教他怎麼追女孩子，也要他自己去追才會有女朋友一樣。

事實上，我覺得他是他，我是我，追求健康的發展是好的，但我倆的模式並不一樣。

要談減重，就要先談談我個人的價值觀，這是後來我和明泰的減重發展出不同模式的根本原因。

以我的人生價值觀來說，我是個比較隨興，沒有遠大目標的人，也是比較無為的人。有人聽到我這樣說會感到好奇及質疑，因為就社會成就來看，我是一家企業的主管，就我的成長歷程來看，我一路順遂念到臺灣大學，這樣的人怎會隨興？

會有這樣質疑，是因為每個人對「隨興」的定義不同。

「只要我喜歡，有什麼不可以」的態度比較隨興，這樣講沒錯，但以過程來說，還是有「任性」與「隨興」的差別。同樣是不在乎別人的看法，任性的人偏向於自私自利，不重視自己的責任，也不管做事會不會妨礙到別人。但我的隨興，其實是「忠於自己的興趣」，而既然是「忠」，表現出來的就會是「負責」。我做我自己愛做的事，但重點是我會對我此刻進行的事負責，若沒有對愛做的事情負責，結果又不一樣了。

舉個例來說，從小到大，我在考試的時候，都不會在乎成績如何，我總是盡力填好我可以填寫的試卷後，就把答案卡交出，

至於得分多少，並不是我最關心的事。

我入社會之後才知道，這種個性並不多見。就是說，對於未來，我沒想那麼多，我不會想太遙遠的事，我總是做好「眼前、當下」的事。

以考試來說，考試本身絕不是目的，考試只是對於學習的驗證，因此重點在於念書時要認真學習。我既然已經認真學習過了，那麼考試對我來說，只是驗證學習是否到位。若考試時覺得有點滯礙，那就表示我學習需要加強，考試若平順，那就只是理所當然的事，我不是為考試而考試。

以這樣角度想事情，就可以了解我的價值觀，不只是學生時代，包括日後工作及做人處事，也都是這樣。有不對的地方就調整，這個月可以過得很好，下個月就可以過得很好，下下個月也仍然可以過得很好。因為我重視每個今天、每個現在，自然可以擁有更好的明天。

我的理念是，對於未來想太多並沒有實質意義，什麼計畫、什麼願景，都比不上把眼前的事做好重要。當然這都建立於現在是做著愛做的事，對愛做的事完全負責，自然會有一條康莊大道出現，不用再多想願景什麼的。

這是我的思維模式，我並不認為大家都要比照我的方式進

行，因為人人都有最適合自己的模式。只不過，我的模式最適合我，包括事業發展，也包括減肥及健康維護方式。

追求持續快樂的人生

我安於做好自己，在生活各領域都是如此，當然也包括飲食習慣，所以我學生時期就已經過重。因為在飲食上，我也是抱持著這樣的觀念，喜歡吃什麼就吃什麼，我不喜歡被外界逼迫要節食，或是聽到有人說什麼不能吃，什麼要吃得節制一點之類的，我認為就是管好自己，做自己愛做的事就好。

就算我的體型偏重，我的內心也是認為，既然人們可以接受各種不同身高的人，為何就不能接受不同體重的人？胖子、肥仔，只不過是人生百態中的一種，又不是外星人，沒什麼好大驚小怪的。

總之，我因為懂得做自己，也認真做好自己，所以後來一路發展也順遂。就以事業來說，我並沒有立下志願要當主管，或立志將來要賺很多錢。

我只是個喜歡寫程式的人，我把這件事做到很好，當我做的事可以幫助到別人，讓別人的生活更便利，我的能力自然受到肯定。於是我在職場上步步高升，從我入社會到現在，我沒有換過

工作，現在這個工作就是我第一份工作，至今服務了 17 年，從當年新創立時只有 10 人的小公司，到如今成為員工數超過 500 人的公司。

我的理念是：人生爽爽過，也不要太 PUSH 自己。

不給自己壓力的我，後來越來越胖，也因為過重了，連行動都遲緩，更別說運動了。但就算在那時候，我也沒有覺得不對。

直到後來，種種的警訊，包括身體本身的各種健康指數都亮起紅燈，連帶的也影響到自己的生活，如果一個人連走路都會很喘，要談「快樂」就有點奢求。

更刺激到我的是後來家中有些還不算老的長輩過世，包括我自己的父親過世，也都是因為沒照顧好健康。我雖然不愛想長遠的未來，但生死之事是每個人都要面對的。我開始認真思考，如果繼續放任自己身體「愛怎樣就怎樣」，我可以不在乎別人的眼光，可是死神才不管我會不會在乎被提早回收。

就在某天，我心中一個念頭亮起，稍稍改變了我的價值觀。

原先我的人生價值觀是：人生就是要快樂。

但在那當下我改變了，變成：人生就是要「持續」快樂。

如何能夠持續快樂呢？先決條件就是要有健康的身體，也就是這樣的轉念，我了解到我的體重過重，距離「健康」的標準很遠，因此當務之急是必須減肥，這就是我為何決心減重的契機：為了持續快樂。

建立習慣，成功減重

　　轉念後的我，開始要減肥了。

　　對我這樣體重超過百公斤的人來說，這件事非常不簡單。因為眾所周知，減重如同生命中很多我們不習慣的事一樣，非常需要依靠「意志力」。對於像我這樣「隨興」型的人來說，不喜歡被強迫，不習慣也不喜歡做不自然的事，所以也是意志力比較薄弱的人。畢竟，意志力代表強迫自己做某件不想做的事情。

　　可是，減肥這件事仍必須做，因為我要過「持續快樂」的人生，但對於連走幾步路都會像氣喘發作的我來說，該怎麼辦呢？

　　還好我臺大不是念假的，學生時期就培養了思維邏輯訓練的習慣。我認真去想，對於一個意志力比較弱的人，如何可以走出舒適圈呢？答案就是要找到一個方法，可以在意志力撐不下去的時候，依然能持續讓自己做下去。那個方法是什麼呢？就是建立一個習慣，一個有著樂趣的習慣。

　　當然，最起初還是要有個動力，其實我和明泰一樣，減肥的動力也與我的女兒有關。當女兒兩歲時，我曾經想抱她，但我連行動都喘吁吁的，如何能夠抱得動她，更不要說陪她玩或是照顧家人了，這也是讓我想要改變自己的誘因。

　　接著要建立一個習慣，要找到一件事，讓我可以每天重複的做，做到跟吃飯睡覺一樣自然。我當時選擇的方法就是走路，這看似一件簡單的事，但對當時過重的我，是有一定挑戰性的。我規定自己每天要走一萬步，初始是艱難的，我大概走 10 分鐘，就覺得自己不行了，必須停下來休息，但靠著意志力，我仍讓自己撐下去。

　　就這樣走著走著，最初幾天是靠意志力，後來漸漸的也走出趣味來，我找到走路的樂趣。

　　這樂趣說起來也沒什麼，如果昨天走 10 分鐘就會喘，今天能夠走到 15 分鐘，對我來說就是成就感，就是樂趣。我連續走了 21 天，感覺上漸入佳境，體重也真的開始有了改變，這樣的結果帶給我信心，也讓我找到繼續走下去的動力。於是就這樣，我成功將走路變成一種習慣，讓這個習慣幫助我減重，以結果來說，我也真的成功了。

　　聽來很神奇，只是走路，每天習慣性的走路，體重就可以改

變。走路真的是最溫和、簡單的運動了，如果這樣也可以讓體重產生變化，減重就不再是遙不可及的事。

另一件也要靠意志力的事，就是飲食。老實說，這方面就比較困難了，我得要強迫自己不要被美食誘惑。我的作法是設定一個規範，每天的正餐之間若會肚子餓，以前的我會直接去覓食填飽肚子。但那時的我，採取克制的方式，我手中會握一個碼表，給自己 30 分鐘，忍著不吃東西。

我告訴自己，先撐過 30 分鐘，再來看看是不是仍然會餓，30 分鐘之後，很可能就會發現自己並不是真的那麼餓。如果實在還是很餓，餓到受不了那種狀況，我就會去買個御飯糰，小口小口的慢慢吃完。

每次餓的時候，就給自己 30 分鐘的忍耐期，會發現很多時候，也並不是非吃東西不可，身體並不真的那麼需要養分。

就這樣雙管齊下，我的體重慢慢下降，雖然慢，但數字還是看得出來。我從 142 公斤，一個月一個月數字往下掉，大約花了兩年的時間，體重終於來到標準的 70 幾公斤。

不同的思維，相同的減重成功

習慣的建立，有賴於習慣養成後帶來的回饋與成就感，減重過程帶給我最直接的回饋，就是看著體重計上的數字越來越小。在實質生活上，更大的回饋就是我整個人變得有精神了，那種感覺就像成語說的「煥然一新」。

先不管身體的各項指數變化如何，單單是每天起床後，可以臉不紅氣不喘的做各種以前比較吃力的動作，就是一件很快樂而有成就感的事。

如同我前面所說的，要逃離舒適圈，要先戰勝意志力，意志力想要持久，必須有快樂的元素。如今我找到了快樂，於是順利建立了正面循環。

當然，我的家人也看到我的改變。我在家庭聚會的時候，也會和他們分享減重的一些心境、感受，包括對明泰也這樣分享過。只是我做人做事的原則，就是不去強迫別人。我可以分享我的快樂，但我不去強迫別人要依照我的模式得到快樂，我始終認為，每個人的價值觀不同，社會本就多元，任何一個人都不需要當另一個人的導師。

因為這樣，我雖已減重成功，但弟弟明泰還要再隔兩年半才體悟。當他體悟時，已經是來自他自己的感知，而非我的說服，

這樣的「自我體悟」，才是他減重成功的關鍵。在他還沒減重前，媽媽也曾感到非常憂心，畢竟肥胖和很多疾病畫上等號，媽媽自然擔心自己孩子的健康狀況。但當時我也只能跟媽媽說：「不用緊張，各人有各人自己的想法及發展。」

直到今天，我還是這樣認為，減重真的是自己的事，任何的旁人，包括最親近的家人以及朋友，可以提供建議，但不一定可以觸動一個人的心。

所謂「觸動」可能只是一念之間的事，這就很有禪宗的思想概念了。人生就像禪，我們用心過每一天的日子，關鍵時候，你悟到了什麼，你就會主動去做改變。

所以就減重這件事來說，我非常不適合當老師，也不能指引大家什麼。明泰則非常適合，他是非常目標導向，能夠立定目標、勇往直前的人。若以戰場來比喻，他就是個可以領導大家衝鋒陷陣的統帥，我比較像坐鎮大後方，聽候各方來電報告進度，然後依狀況下達指令的人。

因為兄弟倆個性不同，後來的減肥模式也不同，這也是一件有趣的事。

習慣不同，結果不同

從 2017 年下半年開始，看著明泰在臉書經常秀出減重有成的照片，我也替他感到欣慰，但我的減重模式就真的和他不同。以結果來說，明泰經過半年的努力，成為一個有肌肉的帥氣型男，我則對肌肉猛男這件事沒什麼興趣，只是維持著正常的身材就好。

這也可以從過程看出，我是從每天走一萬步開始。最起初我的努力得到很多親友贊同，讓我後來走出興趣，並且持續做著。

不過我並不是目標導向型的人，我不像明泰設定了目標，「每天」都要達成。我是在剛開始減重的第一年每天一萬步，之後因為健康狀況越來越好，從大胖變小胖之後，便調整成一年 365 天「大部分」的日子（大約也有兩百多天），每天維持一萬步的習慣。

直到後來，我開始想找尋更有效率的方式。原因無他，我是個主管，要處理的事很多，不是我找理由想偷懶不走路，但我想找出一個既可以健身，又不需花那麼多時間的方法。因為每天走一萬步，以我的經驗，要花兩個小時，我需要更快、更節省時間的方法，於是後來我培養了新習慣，那就是跑步。

這也是從嘗試而來的，有一年春節期間回家拜年過節，那時

沒有工作，有些閒閒的，就試著去老家附近跑步。跑著跑著，發現自己還可以跑，於是決定之後就來跑步。

以縮短運動時間來看，跑步真的有效，但每天若有時間，我也依然會走路。畢竟走路也已經是一種習慣，我甚至養成一種心態，每天若可以的話，要達到一萬步的「額度」，但若很忙怎麼辦？就分階段完成，這一小時累積幾千步，另外一小時累積幾千步，這方式表現在生活上，有些行為便會讓大家有滿滿的問號。

例如，別人停車總是想停得離公司越近越好，我卻總是把車停在停車場最遠的角落。若要上廁所，我也刻意的不去最近的廁所，而要走到另一棟大樓去，就算走到小便斗，也要走到最遠的那一個。甚至在公司開會，大家都喜歡舒舒服服的坐在位置上，但我總愛站著，並且有機會總愛繞著會議室走來走去的。旁人或許覺得奇怪或好笑，但這種常態性的反應，讓我每天可以「多走幾步」。

但另一個習慣，我就沒有維持得那麼好。相對於明泰的食物控制法，我在飲食方面並沒有那麼克制，有時候還是不免貪吃，因此，我體重還是比明泰重些，他也比較有肌肉。

當然，我貪吃也只是偶而為之，基本的飲食習慣仍然已經改變了，從前的我一天最多可以吃到 21 碗飯，現在則有了基本飲

食控制，若不是如此，體重早就又飆升了吧！

方向正確比速度重要

最後，我想聊聊運動習慣。我認為每個人應該建立一個適合自己的運動習慣。但我還是強調，這只是我的建議，我並不愛強迫別人要跟我想法一樣。

只是以實務來看，我覺得運動非常重要。如同明泰在減重時所用的雙管齊下法，走路運動與飲食節制同步進行。如果再往下細分，我覺得飲食節制比較像是短期控制，好比說一個人如果被丟到荒野，或像戰時被關在集中營裡的人，他們沒辦法得到充分的飲食，到後來就自然會變瘦。

飲食是補充養分的概念，運動則是「改變身體」的概念，以汽車來比喻，飲食像是加油，運動則是增強引擎。當一個人透過運動提升身體的體適能，就能更有效率的吸收養分，可以讓食物化成肌肉而非堆積脂肪。

所以我建議若有可能的話，每個人還是建立一個好的運動習慣，我後來找到的運動習慣是跑步，並且當它成為興趣後，我熱衷去參與各個地方的路跑比賽。

有的人覺得跑步好像很無聊，就只是讓身體不斷的動，過程

中除了聽音樂外，也不能做什麼事。但我反倒覺得真正的跑步，就是要讓自己什麼都不想、放空，也可以看看周邊風景，讓自己處在沉靜的狀態。想想我們每個人，也許一年裡天天都忙著和別人講話，要跟客戶講話，要跟同事講話，要跟家人講話。甚至就算下班了，也只是把自己丟在沙發裡，將精神耗在各種影視娛樂上，到底有什麼時間是可以跟「自己」對話呢？其實並沒有。

有些都市人會去參加打坐、冥想班，其實，打坐就是讓自己有個空閒時間，專心和自己對話的意思。對我來說，跑步，就是我可以與自己對話的方式。

可以這麼說，如果打坐是自我對話的「極靜」狀態，那麼跑步就是自我對話的「極動」狀態。在跑步的過程裡，我經常可以冷靜的想出很多事情，包括我的事業很多啟發性的觀念，都是在跑步過程中孵出來的。

對我來說是跑步，我相信也有其他很多運動，有助於自己。不一定是自我對話，但絕對可以活絡身心，對健康有益，精神活力也都會比較好。

運動習慣建立後，現在的我天天活力充沛，很難想像從前我曾經每天頭昏昏的，連開車都會睡著，乃至於不敢開車，當時我被診斷出有睡眠呼吸中止症，而且難以治療。但當我減重成功，

也養成運動習慣後，這些病症就像奇蹟一樣不藥而癒。

最終我還是要說，以上都是建議，也是來自我自身的體驗，但我的經驗不代表你照做也一定有相同的結果，即使是明泰我也是這樣對他說。

我對明泰的指引，是觀念上的，而不是方法上的。我的基本觀念和他分享，至於作法，他可以參考我的方式，但最終他還是會發展出屬於他自己的模式。

我覺得認真很重要，但我絕不會跟我的員工說，只要認真就一定成功，因為事實並非如此，這世界多的是「努力工作但結果不好」的例子。我認為減肥也是如此，每個人要找出屬於自己的方法、樂趣，並且我認為找到適合自己的運動方式後，不需要每天斤斤計較變化多少。

一個人若一天照三餐量體重，只會增加自己的焦慮，我建議是看長遠的，可能一、兩週追蹤一次就好。只要整體方向是正向的，例如兩週減了兩公斤或體脂有降低，那就代表方向正確，持續朝你設定的方式邁進就對了。

總之，方向比速度重要，方向不對就是瞎忙。

運動如此，事業如此，人生也是如此。

貫徹快樂人生的價值觀

最後，如果要提出一個綜合的有關減肥的結論。

我會說減肥最佳的方式就是建立好的生活習慣，包括運動、飲食、睡眠、以及工作壓力抒發等。當然，明泰強調的走路與飲食習慣，是他長期培養的兩大減肥成功關鍵，但其他的要素，也不能忽略。例如一個人如果每天睡眠不足，相信身體也不會健康，減重也會受影響。

對於一個現在體重過重，正要開始減重的人來說，如果問我第一步要做什麼，答案就是先要離開舒適圈。以邏輯分析來說，一個人為何會變胖，肯定是過去生活習慣不對。

因此，不管在坊間接觸到什麼方法，比如說吃減肥藥、手術抽脂等等，最終還是要回歸到生活習慣，若一個人變胖的根本原因沒改變，怎麼減重都還是無效。

關於這點，我認為除了改變生活外，沒有特效藥。同時，也沒有適用「所有人」的方法，例如明泰喜歡去健身房做重訓練肌肉，我就從來不去，我和他是不同的。

另外，他採取紀律規範自我的方式，這也和我不同，我對自己比較沒那麼嚴格。這些都是不同的地方，因此他減重的速度也比我快。

　　對我來說，長期來看，只要身體可以維持健康，就是好的，我的人生價值觀就是「人生要持續維持快樂」，無需與人比較，每個人本來就是不同的個體。

　　不論是減重，或者其他健康目標，運動都是必要的。

　　人生就是要快樂，希望大家都可以重視自己的健康，找到自己的快樂人生。

第三篇

戰鬥狀況調整篇

如同我哥哥在鼓勵我加入減重行列時，強調的三件事：

1. 不要自我欺騙；
2. 沒有奇蹟，只有累積；
3. 要心甘情願。

這三件事其實是息息相關的。

如果不是心甘情願，減重就會虎頭蛇尾，隨著一次又一次的自我欺騙，最後無疾而終。沒有足夠的累積過程，也就不會有看得見的結果，得到的只是再一次的失敗經驗，驗證了「我果然做不到」。

一個人之所以沒法成功減重，不是因為沒意願。換句話說，這世界上很少有不健康的人會說：「我想要讓身體不健康。」之所以做不到，是因為的確有一定的難度。

尤其減重這件事，可能比許多我們認為艱難的事都還要難，甚至可能比考證照、比業績得獎，比追到心儀的校花都要難。連高空彈跳也只要牙一咬、眼一閉，向前走一步，一下子就過了。減重除了需要開始的第一步，還需要後面很多很多步才能完成。

為何會如此呢？關鍵就在於，上面我哥哥所強調的三個內功心法，只要忽略其中一項，都很容易讓一個人許下短期的「雄心壯志」。但減重這件事，常被列為「重要但不急迫」，因此無法激發人們的恆心毅力，很多人常在養成新習慣前就怠惰了。

多數人都只看見許多成功的企業家，他們可以在極困難的條件下，挑戰目標並達成，可以在眾家競爭者包圍下，讓企業攻下新的版圖。卻很少注意到，他們不一定能讓自己體重達到標準。

所以，各位讀者，若能成功的讓自己有毅力的持續減肥，那麼至少在這件事，可以比那些年薪破千萬的成功企業家們還要做得好。從這個史上最難任務也能成功的基準點上，就有機會再開創出其他「想做就做得到」的連鎖效用。

如果真的想瘦身，就把自己的身心狀態調整為迎接減肥挑戰的「準戰鬥」模式吧！

讓自己跳出舒適圈

大家都聽過一句話，「跳出『舒適圈』」。

但事實上，我們不太可能跳出「舒適圈」後，立刻就達標成功。若一昧求快，輕則只能維持三分鐘熱度，重則會過度運動或節食而受傷。這裡的受傷不一定是指身體受傷，也可能是心靈受

傷。

我哥哥說得好:「做事,要心甘情願。」

所謂跳出舒適圈,多少帶有點「心不甘情不願」,否則就不叫跳出舒適圈了。

既要跳出舒適圈,又要做到「心甘情願」,該怎麼做呢?答案就是「循序漸進」。

如下圖:

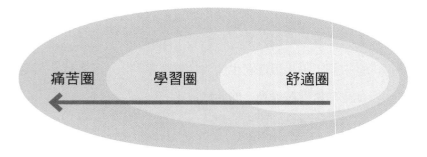

我們可以不用立刻進入痛苦圈,而是先進入學習圈。所謂學習,就是有點辛苦有點樂趣,雖然苦,但有一定的樂趣在,這樣一來,脫離舒適圈時就不會只有苦。

等到在學習圈裡漸漸適應,就會漸漸有在舒適圈的感覺,原本的苦就不再是苦,就可以再進階通往下一階段痛苦圈。所謂痛苦,當然不是指生活得很痛苦,而是指「離開我們現在習慣的

生活，進入另一種完全不同的新模式，打造新的習慣」，算是一種溫水煮青蛙的概念，一下子把水快速加熱，青蛙一定會逃走的呀！

最常被用來形容舒適圈到痛苦圈的例子就是，一個原本坐辦公室領固定薪水的上班族，想要挑戰自己原本的工作模式，所以變成整天拜訪客人，靠業績決定自己月收入的模式。

的確，這過程是痛苦的，原本每天就算打混也有錢領，現在就算努力也不一定有錢賺，當然痛苦囉！但卻是一個原本月領30000元的內勤，想要追求高收入、年薪破百萬元，進而提高家人的生活品質、每年出國……等，不得不做的突破。但我們不需要一下子做這麼大的轉變，一步一步走才能到達終點，而不是半路脫逃。

以減重這件事來說，從舒適圈過度到痛苦圈，我自己經過以下的幾個「學習圈」步驟：

- **第一步**：找到自己的動機、信念，這在上一篇我們已特別強調。
- **第二步**：要列入行事曆中，也就是說在時間管理上，把減重「真正」當成一件事在做。
- **第三步**：要持續追蹤流程，也就是要有領先指標的表格

（每日一萬步、初期熱量記錄），我建議的做法是，可以安裝計步器與熱量 APP 程式。

- **第四步**：建立當責的習慣，我當時瘦身的作法是在臉書打卡宣誓，並定期分享進度與成果，為自己承諾的事完全負責。

透過循序漸進的方式，建立這四個步驟，我逐步培養出屬於我自己的減重習慣。慢慢的，我原本的痛苦圈已經不再是痛苦，而是一種生活習慣。成功減重，標準體型，也就不需要再苦苦思考如何達成。

運動與飲食控制已成為新的習慣，自然不需刻意啟動就能自動導航，自動運作產生好的結果。

檢視以及當責

檢視是非常重要的事，為什麼呢？

因為，要做「成功」與「失敗」原因的探討，在實行減重方法一陣子後要隨時檢視，發現了進步的原因就記錄下來，持續把這些進步的因素累積起來，變成以後可以加分的常態行為。

例如：我查到資料，發現跑步前吃一根香蕉，可以讓跑步持

續的比較久。我就把自己當白老鼠實際去試，發覺對自己真的有用，這招以後當然就要常常使用。

在定期檢視時，發現為什麼會退步的原因也要記錄，之後就要盡量避免。例如：運動量很大，強度也足夠，但運動完狂喝飲料補充水份，隔天發現反而變胖，就要找出原因。

分析後發現喝的都是有糖飲料，所以補充的熱量大於運動消耗的熱量，那麼以後就要改成喝水或低糖飲料。至少要知道成功與失敗的原因，才比較能掌握進度，這跟開車時「踩油門」或「踩煞車」的情形很類似。

對應到「成功原因」或「失敗原因」後，只要方向正確，持續穩定踩油門，自然離目標越來越近。或許新手上路還不熟悉，只要多練習，很快就可以狂飆了。

檢視流程裡的每個要件，才能在建立運動習慣的過程中讓自己感覺更舒適、流暢、有效率。例如日行一萬步的目標，可以使用「計步器」輕鬆計算，我自己是先使用手機內建的計步程式，後來買了計步手環，最後買了更精準的計步手錶。

額外提醒一下，「工欲善其事、必先利其器」，一雙好的運動鞋、一身舒服透氣的運動裝、正確的運動姿勢與頻率等等，都是在過程中不可或缺的關鍵。

當責，顧名思義就是把自己該盡的責任，一肩扛下，自己的身材自己救。每個字都簡單易懂，但做起來卻沒有那麼簡單。

我個人的經驗值，是要先調整內心對責任的想法（此心得源自卡羅爾‧德韋克的《終身成長》），用成長性思維模式，相信基本能力是可以透過努力來培養的，讓自己關心怎樣提升自己，而非固定型的思維模式，會使自己急於一遍遍證明自己的能力，更關心別人是如何看待自己。

所以要不斷練習，提醒自己走向學習成長型思維，就會「越挫越勇」，而非「認輸」，這也跟一句話很像，就是「成功者千方百計，失敗者坐困愁城」。所以若能把內心的思考模式，培養成時時關心怎麼提升自己，而不是擔心別人怎麼看自己，覺得自己越挫越勇，「打斷手骨顛倒勇」，當然覺得自己完成事情的機率高，自然就更願意「當責」。

畢竟，沒減掉的肥肉是長在自己身上，不是別人身上。曾經聽過有人說：「沒有目標的人，一根稻草就彎腰；專注目標的人，千斤萬擔一肩挑。」

透過學習，把責任放到自己身上，眼睛看著自己，不推卸不歸咎。即使暫時失敗，至少學到一個失敗經驗，知道此路不通，換個方式，再繼續尋找更好的答案就好了。

我們不會在小朋友學爬、學走路的時候，因為幾次的失敗，就認為他再試也不會成功。反而，我們會鼓勵 baby 繼續再接再勵，也必須接受失敗與跌倒，甚至受傷的過程。

　　而小朋友因為單純的專注於要會爬、會走，所以不斷用各種方法、姿勢去嘗試練習，把不能成功的方法、姿勢一個個排除，最終找到了可以爬、可以走，甚至跑的「成功模式」。

　　曾經聽過一個說法，毛毛蟲在蛻變成蝴蝶時，會經歷過一段破繭而出的艱辛過程，心急或過度擔心牠太辛苦，而用剪刀提前幫忙剪破洞，少了靠牠自身努力穿越破蛹的動作，就會「體肥翅短」，甚至可能導致無法飛翔。

　　當年，我們都曾經學會講話、走路、騎腳踏車，過程中也必定經歷過失敗，當時的我們知道我們必須要學會、就是要成功，所以即使百般嘗試也不以為苦。

　　人生的課題與責任，是無法逃避一輩子的，必須好好面對。因為人一輩子的痛苦是固定的，只是選擇辛苦一陣子，還是辛苦一輩子。

記錄曲線，迎向改變

在「每日一萬步」時，透過計步器記錄的數字，再經由我的好奇心及創造力，產生了很多的延伸與樂趣。例如，我會去研究我走一步的距離大概多長？走一萬步大概要花多久時間？走一萬步大概消耗多少熱量？走一萬步跟走兩萬步會得到「兩倍」的成效與感受嗎？還是只是更累？如果是兩萬跟三萬來做比較，結果又會如何呢？

步數最多的一天，我曾走到 6.6 萬多步，對我來講是很有趣的體驗。我也計算過從開始減肥的第 1 天到第 150 天，平均起來每天大約走了 1.5 萬步，讀者也可以參考一下圖表。

至於體重機上的數字，每次站上去的變化，包含體重數字以及體脂肪，堆疊起來成為的圖表，真的很有參考價值。雖然偶爾上上下下，但時間拉長來看，持續堅持對的「新習慣」，長期趨勢體重就會一直往下。

偶爾累的時候看看，真的會非常有「成就感」，看著這些邁向成功減重的記錄，也會是日常閒暇時的樂趣。這種逐漸下降的統計圖表，若是公司的大老闆看了，臉應該都綠了吧！至於，我為什麼會對數字與線圖很有感覺，或許，這跟我大學念統計系有關係吧！

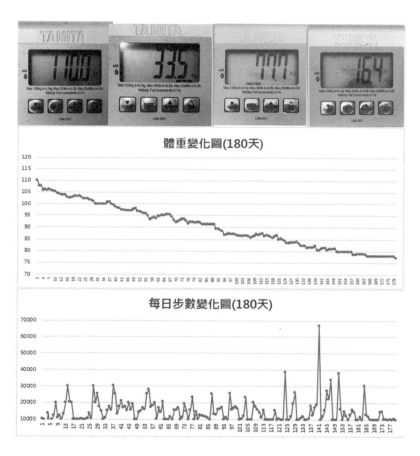

人生就像上拳擊場，除了要想著不能輸，更要想辦法贏。拳擊手除了要有堅強的鬥志外，平常的扎實訓練當然不能少，而每個選手的個性、優劣勢、目標、量級、資源等等，都大不相同，

所以量身制定出來的「訓練手冊」也不會一樣。

想要被認為「士別三日,刮目相看」,當然就要做出跟以前不一樣的事,才有機會有不一樣的結果,愛因斯坦說:「什麼叫瘋子?就是重複做同樣的事情,還期待會出現不同的結果,這就是瘋子。」

針對這位拳擊手,該聘請更好的教練嗎?還是要多跑步增加耐力?重量訓練要加強哪個部位?或者是需要更多的實戰經驗?還是特別去增強心理素質?

對應到減肥瘦身上也有雷同之處,要根據不同的長期目標,設定不同的中期與短期目標,再去訂定專屬於自己的「作戰計畫」,自己就是自己的最佳教練、金牌經紀人。

實務上該怎麼做呢?不妨可以使用作報告時的工具,做個自我減重的 SWOT 分析。

減重分析 SWOT

如果我們做一件事,沒辦法有足夠強大的決心,很可能是因為我們對這件事還沒想清楚,心中自然也就無法有強大信念。或許我們可以換個角度,用經營一個品牌、培養一位明日之星的方式去對待自己。在行銷企畫領域有個業界常用的 SWOT 分析表,

這個表用在減重這件事上，也可以幫助我們做出適合的減重計畫。

我就以我自己為範例。

首先，先畫出以下的 SWOT 分析表：

優勢（Strength）	劣勢（Weakness）
機會（Opportunity）	威脅（Threat）

先列出我的減重優勢 S：

- 我過往就曾有運動習慣，大學打過桌球及籃球。

- 當兵時被操練過，當時也曾瘦到 70 公斤，證明我的體質是可以變瘦的。

- 我有一個很棒的資源，就是我哥哥，他本身就是減重成功的實例。

- 我是政大統計系畢業，邏輯分析不錯，對我來說做卡路里及熱量計算不成問題。

- 我熱愛學習，各種營養學、運動的書刊，都願意買來閱

讀，當然也可以上網查詢。

- 我從事業務工作，養成了願意挑戰與冒險的習慣，而且擅長幫自己訂定完成目標的執行計畫。

再來列出我的減重劣勢 W：

- 我熱愛美食，這對以減重為目標的我來說，是個大魔王等級的障礙。

- 我還特別愛吃甜食、炸物與飲料，這一點更是糟糕。

- 我的體重已經高到一定程度，要做運動不容易，靜止摩擦力極大，很容易氣喘，若要運動也只能從簡單的走路開始。

- 身為業務工作者，我有許多吃吃喝喝的應酬機會，不利減重。

- 我是個主管，有許多人要照顧，不只照顧團隊，也需照顧家人，時間被很多重要的大小事情瓜分掉，可以說是分身乏術。

- 翻開行事曆一看，天啊！我接下來半年的行程都排滿了，這樣子的我，怎麼有時間減重呢？

這樣看起來，我的劣勢好像還比優勢多呢！

沒關係，先來找出自己的機會吧！

和我的減重相關的機會 O：

- 很巧的，2017 年在我家社區附近正好開了一家健身房。

- 我的辦公環境非常自由彈性，我可以在公司裡放健身用的器材，如啞鈴、飛輪、拳擊機等。

- 我的工作性質，是可以由自己決定如何執行。好比說拜訪客戶，只要時間允許，我可以走路過去，有可能就達成了當天該有的運動量。

- 越來越多的運動資源可以用，例如有許多慢跑、自行車的運動類型社團及各種主題的路跑活動。

- 整個社會運動風氣盛行，媒體也經常報導各種運動、登山、健行等等，相關的報刊雜誌也很多。

最後，列出和我的減重相關的威脅 T，好像也不少呢！

- 臺灣是美食王國，生活圈在繁華臺北市的我，到哪都可以看到各種美食。

- 美食不僅很多，並且行銷方式還與時俱進，例如透過手機就可以很方便的把美食送到府上，讓人很難拒絕。

- 我的工作天天要往外跑,而與客戶見面,免不了就要找有美食的地方。
- 我的生活作息不正常,飲食控制不容易。
- 有太多的事情,優先度比減肥重要,不太可能為了減重,把那些事情排開,總不能拒絕客戶邀約,理由是今天要減重吧?

洋洋灑灑列出這些,一方面是審視自己,一方面也讓自己更「進入狀況」。為什麼我們經常「想要」減重,卻總是減不成?因為,我們老是讓自己只處在「想」的狀態,但從「想」到「行動」間仍有段距離。

製作 SWOT 表的時候,雖然也仍是「想」,但當這樣做的時候,已經比較深入,並盤點了自身的狀況,以深入又宏觀的視角解析了我要執行減重的 SWOT。

而且,很少一個人會花那麼多時間分析自己後,最後卻又不了了之,至少也會動個幾天吧!

具體的作法,強化優勢、克制劣勢、抓住機會、避開威脅。

當我實際應用,結果就是:不到半年,我就成功從 110 公斤,瘦到 70 幾公斤。

以我的例子，我善用自己的優勢：

- 首先，既然社區有健身房，就積極去使用吧！
- 自然也要將不佔大空間的健身器材帶來辦公室，隨時在每個小空檔使用。
- 既然運動風氣那麼盛，我就加入這些討論群組，不僅如此，我乾脆在網路上找同好設立群組。當有一群人跟你一起討論如何運動，如何減重，就會變成一種每天督促的力量。
- 我經常留意各種活動，例如馬拉松賽事，然後預先把行程列入行事曆，當成一件重要的事來辦。無論參加什麼樣的組別，只要完賽都是一個里程碑，都是自我勳章。
- 既然拜訪客戶的方式可以彈性，若有可能就不開車，用走路的方式去，既省了停車費，又能消耗熱量。
- 公司內部有很棒的分享文化，有興趣的就一起教學相長，減重也是其中一個主題。每天早上，我們單位也有幾分鐘的自主運動時間，辦公室附近剛好有籃球場，有空可以去流流汗，順便提振精神。
- 善用科技的優勢，我將各種減重必備的測量儀器，如計步 APP、運動手錶，結合到我的生活。另外也善用社群

軟體，形成健康生活圈。

這就是我的 SWOT 版本，各位讀者也可以試著畫出自己的 SWOT 版本。

記住，畫出來的圖不需要呈交給任何人，但這個圖卻代表願意對自己負責。不需要欺騙自己，透過這個過程，將更可以進入對抗體重過重的準戰鬥模式。

那美妙的減重藍圖

最後，如同在戰場上，一個好的指揮官總會為未來建立美好的藍圖，也就是「畫大餅」、「端出牛肉」，我們也應該為自己建立美好的藍圖。

還記得幾年前有部當時很紅的電影叫做《投名狀》，當時的指揮官就大喊著：「搶錢、搶糧、搶娘們」。

現在的我們則是：「搶回健康、搶回身材、搶回美麗的人生。」

相信如果只憑意志力要一個人減重，卻不告訴他未來會如何，是沒有人願意減重的。就像看不到盡頭有任何亮光的隧道，除了蝙蝠俠，應該不會有人想走進去的。

一般來說，減重的基本好處不脫以下三個：

1. 有更健康的身體。
2. 建立美觀與形象。
3. 想過更好的生活。

每個體重過重（或體重超過理想值）的人，可能都會碰到上面三個問題的至少其中一個，大部分人是三個都碰到，只是嚴重程度多寡罷了。

以我來說，未減重前的我，有健康問題，但「不致命」。我的健康檢查報告成績超級不及格，當時我還有呼吸中止症，可是這些暫時都沒有嚴重影響我的日常生活及品質，所以我全部已讀不回。

我的外表形象，可能自認長相還過得去，雖然體型龐大點，可是整體來看也不至於影響我的業務主管形象，最多就只是發福的男神。何況我還娶了個正妹老婆，減重前的我，也不太會擔心我的外觀形象問題，基本上就是自我感覺良好。

最終促使我改變的源頭，是第三點，我想過更好的生活。我心中有個場景，在那個場景裡，有我和我的正妹老婆，還有我可

愛的女兒。但當我發現我的過重所帶來的狀況，會危及這個美麗的畫面，我才覺悟並決心要改變。

所以我開始想像未來的我應該怎樣？也就是幫自己畫大餅，越具體、越真實越好。除了畫面，也可以再加上聲音、內心感受……等等，讓自己更有感覺而更想達成。

我的心中有三層藍圖：

第一層藍圖：自我藍圖

第一層藍圖，要能顯現出自己，顯現方式是透過具體數字，然後將數字轉成具體畫面。例如 110 公斤的我，體脂率過高，身形臃腫。這樣很快就有個畫面了，畢竟當時還未減重成功。

減重後，也需要有個數字，我的設定是 78 公斤，身上都是肌肉，體脂率正常。這樣的我，也會有個畫面，雖然影像出現得慢了一點點，但曾經瘦過，所以還是能產生具體的形象。

若沒瘦過的人，可以想著心中理想身材的某人，把自己的臉換上去就是了，我看到的是一個型男，有著六塊肌、麒麟臂。這樣的我，連我自己都很喜歡，照鏡子照到捨不得離開。

不好意思，這聽起來有點自戀，但既然要畫藍圖，就要讓現在的自己有動力去改變。

事實上，減重半年後，我真的差不多達到當初我藍圖裡想像的畫面，甚至比我想像的更好看。畢竟當了很久的胖子，不太容易模擬出自己變瘦的樣子。

　　實際變瘦後，我真的不免要自誇，穿上適當的衣服，真的有一點點像型男。出國領獎時，還有完全不認識，也是來領獎的內地大媽跑來找我合照，連我也被我的魅力嚇一跳。

　　我也經常把我的減重後成績公布在臉書，一方面讓關心我的朋友知道，我真的做到了；二方面也透過記錄，自我肯定一下自己，畢竟臉書也可以分享自己現況。而在執行力降低時，經由朋友的打氣留言，再繼續堅持做對的事，這不就是臉書、朋友圈最大的核心目標之一嗎？

第二層藍圖：生活藍圖

　　往往第二層藍圖，更可以刺激我們改變。

　　記得當時敲響我心中警鐘、讓我下定決心減重的起點，就是因為在我想像中的未來，若我還是那個不健康的胖子，我很可能就沒法好好盯著那位搶走我女兒的男人，同時帶著祝福的心，陪伴寶貝女兒完成她的終身大事，甚至也無法好好的自理過生活。

　　我甚至想到我那慈愛的母親，蹲在我床畔，為了要照顧我這

體積龐大、毛病一堆的不孝子，白髮蒼蒼的她還需熬夜守候，甚至還可能白髮人送黑髮人，這畫面讓我心痛、自責。

不！我不想要有那樣的未來，說真的，我當時有被我自己想像的未來嚇到。

我相信若是我可以做到，有心想瘦身的讀者，也可以找到屬於自己的一條路。請真的用心去想若不減重，10 年、20 年後會是怎樣的慘狀，越怕什麼狀況就越去想，用力的恐嚇自己。

或是用心的去想減重後產生的連鎖效應，各種向上提升的改變、情境，越喜歡什麼狀況就越認真想，畫個最愛吃的大餅給自己，然後就會很有動機去付諸行動減重、控制飲食。

當時我也曾想像種種的美好生活藍圖，在我真的做到後，我現今的生活比我那時想像中的更美好。

給所有想要減重的朋友打氣，現在快 40 歲的我，減重後好像重新回到二十幾歲，帶著老婆出門，就好像是剛認識一樣，可以用新的角度去重溫各種相偎相依的愉悅。（如果相偎相依的我是個大胖子，美好的畫面立刻就會破滅。）

況且現在的我，去買衣服真是種享受。以前身體過重時，許多時候得訂製衣服，現在我喜歡去買現成的衣服，櫃姐常常會稱讚（當然，我老婆也在現場，這點我要特別強調！），還有不論

什麼衣服，我穿在身上，怎麼照鏡子都覺得好看，那種感覺只有一個字可以形容，那就是「爽」。

以上的藍圖都是真的，現在的我真的讓藍圖成真了，甚至加倍奉還的美好。

但我必須說，單單只是「帥、有型」這樣的形象，還不足以百分百讓我持恆的維持減重成功後的體重。

人難免有惰性，難免有想要放鬆一下、偷懶一下，讓自己犯規的時候。每當我有一絲絲想要偷懶（雨下那麼大，今天就暫時不運動吧！這些炸雞太誘人了，偶爾吃一下不會有太大影響吧？），當開始要鬆懈，讓減重破功時，這時候光憑那些美好藍圖畫面就還不夠。

以我來說，我有個很堅強的畫面，每當快要偷懶時，我就調出那個畫面。

女兒走紅地毯時，牽著她的手交給另一個男人的人，一定要是我！

牽著老婆的手，走過這一輩子的人，也要是我！

開車握著方向盤，載媽媽出遊的那個人，還是我！

第三層藍圖：為人子的藍圖

人們總是說「孝順父母」、「百善孝為先」。

但如果總讓父母為你操心，那還算是孝順嗎？

如果父母含辛茹苦把孩子養大，到老來還要煩惱這個孩子：「這孩子體重過重，健康出問題，社交生活也過得不圓滿，該怎麼辦？」

如果在藍圖裡，父母可以不再為自己擔心，因為已減重成功。把身體健康指數找回來，相信這樣的孝順才是父母想要的。

這是對我有強大影響力的藍圖，每個人也可以有自己的藍圖，什麼樣的藍圖可以讓自己有動力，就把它畫出來。例如，女孩子就可以想像，若體重達到輕盈的體型，魅力將增添多少分，就可以打敗那個常常說自己肥的討厭鬼。

或者，想像跟心中的男神，手牽手去看電影，一起旅遊，甜蜜的戀愛著。也想像可以經常 Shopping，因為穿什麼都是那麼好看。當這樣想的時候，就已經準備好跨出減重的第一步了。

總之，進入減重的戰鬥狀態吧！

改變與不改變，就在一念之間。

撿回趙又廷

——專訪李明泰的正妹老婆吳雪蓉

在富邦人壽富焱通訊處，有一對神鵰俠侶，就是處經理李明泰以及他的正妹老婆，同時也是業務戰將的吳雪蓉小姐。他們這一對不但能力強，更不斷帶領團隊往前衝，明泰變胖前，夫妻倆的合照放在哪都是很吸睛的海報。

由吳雪蓉以老婆的觀點，來看我們的主人翁——李明泰，也更能了解明泰事業成功，以及減重有成的背後動力，看見他如何努力的過程。

以下是吳雪蓉的專訪：

那個超級認真的男孩

多年前明泰走進富邦人壽的時候，他只是諸多新進學弟妹中的一個，當時體型還好，身材稍壯，但也不算太胖。我對他的印象不是來自於他的外表，而是他做事認真的程度。

身為早他一年進入富邦的學姊（實際年齡比他小哦！），我本來就有義務要教導新人，對我們這些前輩來說，最欣賞的新人，不一定要資質好，最重要的，還是要態度認真誠懇，而明泰就是這樣的人。

這個學弟初進公司在培訓階段時，就看得出他不是很會講話，口條沒有魅力，成長的空間非常大，但他的企圖心表現得比其他人明顯。

同樣是訓練，別人上完課，還是繼續照自己的方式做事，但明泰知道自己業務條件不好，因此他非常努力想要改善。他的改變，不是以月計，而是以天計。

例如，當我們告訴他：「明泰，你講話的語氣有點衝，客戶可能會感覺不舒服，這一點必須要調整。」

從第二天起，他講話的方式就明顯不一樣，這真的不容易。我們可以試試，要自己改變原本的說話方式，需要多大的決心、勇氣才辦得到？因為那等於否定了過去的自己。

說起來，也許那時明泰就對我有好感，他為了增加自己的業務能力，經常會找人練習，而他最喜歡找的對象，就是我。

在訓練期間，以及正式報聘後很長一段時間，他總是喜歡跑來找我，跟我請教事情。一般新人要找前輩，通常不外乎是請教

「保單哪裡有疑義」或者「如果客戶有這樣的問題，我該如何因應」，但明泰不是，他來找我是要練習講笑話。

是的，他是跑來找我講笑話的。

因為我們曾跟明泰說，他的表情及對話太生硬，不夠親和，因此建議他要學習讓自己放輕鬆，不要給客戶壓力。所以明泰來找我時，就告訴我，他想從練習講笑話開始。

老實說，他的笑話一點也不好笑，他講的是冷笑話，反倒是他努力想講冷笑話的表情，讓我覺得比較好笑。

看著眼前這個男孩，明明不擅長講笑話，卻仍努力去找資料、擬講稿，然後有模有樣的請我這學姊聽。他想逗我笑，但我聽著聽著卻覺得感動，被他的認真態度深深打動著。

他今天可以做到處經理，絕非因為他天資聰穎，是個天生業務的料。他的一切成績，絕對都是來自於努力和勇於改變。

記得在新生培訓階段，有教導透過問卷的方式去了解客戶的需求，在那個時候，明泰的認真方式就令人印象深刻。他會將學長、姊們教的對話，用錄音筆錄下來，回家後重聽並做逐字稿。然後他就很認真的去背誦這講稿，讓自己可以更熟練、順暢的和客戶對談。

你們可以想像，一個原本不是那麼會講話，甚至講話總是讓

空氣凝結的人,如何日復一日勤記講稿,有機會就去應用,碰到挫折後回家再調整,繼續練習,讓自己更熟練,再次應用,不斷進步。

他從來不會因此打退堂鼓,從來沒有一次找藉口給自己說「口才不好,不適合做業務」之類的話。

他只是練習、練習、再練習。

直到後來我們在一起,有時候去外面吃麵,他三兩下就吃完了,而我還在吃,他就要我慢慢吃,然後跟我說要去做練習。練習什麼呢?他跑去隔壁桌,跟陌生人攀談起來了,不一定是為了談保單,只是為了練口才。

每當看著他認真的身影,我就很感動,有這樣的男人做依靠,是最大的幸福。

變胖是一種職災

那個做事認真,有行動力、有執行力的男孩,在碰到減肥這件事時,卻不是那麼努力。

當然也是因為我和家人們,並不會特別要求他一定要減肥,頂多只以關心的角度,擔心過重會有不良的影響。但還是以他能夠過得快樂為第一優先,從來不會逼他要減肥。

說起來，做業務這行，要胖真的很容易，我們自己都戲稱這是這行的「職業災害」。做業務就是每天要拜訪別人，多半會約在跟「吃喝」相關的地方，不是餐廳就是下午茶，一天下來會吃下很多東西，就算只是喝個飲料，也都是含糖飲料。吃下過多的熱量而變胖，似乎是無法避免的職災。

　明泰是那麼認真的人，他每天拜訪的客戶量很大，所以吃喝的次數也很多。他幾乎沒有經過什麼適應期，從正式報聘那個月，就已經有不錯的成績，也常常得到業績獎項，曾經有一次，一天報了 14 件 case。他一開始就拚命約訪客人，也真的達到不錯的業績。

　說真的，連我自己這個比他早進入公司一年的學姊，也無法做到像他這個新人那麼拚。學統計出身的他，很懂得邏輯，對數字非常敏感，很容易針對客戶的需求，提出相對的理財規畫。

　他的成功不是偶然，但他的生活方式，讓他的體重伴隨他的業績，一起不斷成長。

　婚後我們兩人都繼續拚事業，我重視明泰的健康，而不是外表，所以沒特別要他減重。直到他胖到超過 100 公斤了，我也只提醒他，要多留意自己各種健康指數。

　我知道他是很有想法的人，做事有自己的規則，當我提醒了

他幾次後，無論他有沒有動作，我都不會再多說什麼，以免讓夫妻之間不愉快。

就這樣，他繼續維持原本的作息及生活方式，很長一段時間，體重維持在 100 公斤左右。又過了很長一陣子，可能超過一年以上時間，他體重又逐漸上升，來到 110 公斤。

身為他的老婆，我仍只能關心他的健康，並不會逼他減重。若有想要減重的想法，一定也是明泰自己的覺醒，然後看他想要如何做，我再配合他，看看可以幫忙些什麼。

例如 2007 年時，他曾主動想要減重，當時有接觸到一種飲食療法，透過吃中藥及指定的配方，真的有發生效用。那年明泰曾瘦到剩 80 幾公斤，但我必須誠實說，那個方法不適合明泰。

有人指稱這種方法有種種負面效應，我們倒不至於認為有這麼嚴重，只不過採用那種方式，人雖可以變瘦，但整個人的氣色卻不好，而且一旦回復了原本正常飲食，身體又會再次復胖。最終，他還是胖回一百多公斤，那回，是一次失敗的減肥嘗試。

也因為這樣，後來就更少提及減肥的話題，我們夫妻倆仍努力的拓展事業，家庭生活也和樂圓滿，當時覺得這樣就夠了。

最終，會下決心要改變，還是靠明泰自己的覺悟。

下定決心，真的天天運動

我不知道女兒的到來會帶來如此重大的影響。

身為明泰的老婆，當他有什麼內心大轉折，我是會感受到的。當我證實肚裡懷著小 Baby，跟他分享這個訊息後，我感覺到他充滿狂歡欣喜，但不久後，也感覺到他的憂心忡忡。

某天他在房間跟我說：「雪蓉，這回我真的想要減肥了，為了我們的女兒，以及我們的將來。」

他跟我說，他需要 PUSH 他的力量，而這力量，一個來自當時尚未出世的女兒，一個來自從小對他有很大影響的哥哥。

明泰的哥哥一直以來都對他有很深重的影響，從小到大，做哥哥的樣樣都比明泰優秀，整個來說，似乎只有體重這件事，明泰稍稍贏過他哥哥。

畢竟最重的時候，他哥哥曾經重達 142 公斤，而明泰最重時「只有」110 公斤。但後來哥哥改變了，所以明泰連體重這件事都輸給了哥哥，我想，他心中應該還是在意的。

如今明泰要減肥了，他希望哥哥可以成為 PUSH 他的力量。他甚至要求哥哥在臉書上公開打卡 Tag 他，要昭告世人，明泰立誓要減肥。他自己也把還沒變胖時的照片跟趙又廷的照片放一起，說要瘦回原本帥氣的模樣。

老實說，明泰是我老公，他是胖是瘦，我都永遠愛他。當他宣示要減肥時，我最怕的是，他會不會給自己太大的壓力了。萬一減肥不成，到時候成為笑柄，會不會給他太大的打擊。

其實我並不贊成他那麼高調的宣示，然而既然宣布就宣布了，身為老婆就是持續的支持。

他開始參與路跑，我剛開始也會去陪他，因為懷有身孕，所以我守在起跑點以及終點站上，看著他滿頭大汗的抵達終點。在我眼中，我看到初識的那個認真的男孩，他下定決心想做的事，就會認真去做。

當槍聲響起，明泰那時仍沉重的身影往前跑去，看著他晃動的身影越跑越遠，我心中滿滿的感動及敬佩。

在終點線上，看著氣喘吁吁的他回來，遞上毛巾及水，當然還有拍照，我覺得他沒有瘦回標準體重都沒關係，但跑步可以讓身體更健康就好。

我自己也曾跑步健身過，這不是件容易的事，跑步累不累是在其次，但過程實在太無聊了。當年我在健身房單調的跟著跑步機的節奏跑，就算只有半小時，都覺得無聊極了。如今明泰可以持之以恆的做這件事，並且時間遠遠超過半小時，需要多大的毅力，我是可以體會的。

就這樣，我看著他，第一天去運動、第二天去運動……，真的堅持每天都去運動。那樣的認真，有沒有減重成功，對我來說都是其次，但他能夠每天持續運動，連陪我在坐月子中心時都在運動，其實很感謝寶貝女兒讓他能有這麼大的動力認真減重。

總是支持他的決定

　明泰真的變了，大家都說他變帥了，在我心中，他還是我永遠的明泰，反應較大的反而是我的家人。

　當年剛結婚時，家人看重的就是這男孩親切有禮貌，是個可以託付終身的人。

　至於身材嘛……，男人重一點沒什麼不好，這樣是穩重，不需要特別 Care。

　婚後我們大約每兩週回娘家一趟，對於這個女婿，久了大家都很熟，也敢開些玩笑，最常開的玩笑，就是有關體重的玩笑。

　每當說要減肥，我的家人就笑說：「明泰啊！別鬧了，不要再說減肥了，我看你是越減越肥。」

　的確，以前曾不只一次的減肥，但每次都失敗，因為那時並沒有那麼強大的決心。所以 2017 年夏天，明泰陪我回娘家時，再次提到減肥，家人也覺得又是說說而已。

改變是可以被看見的。我與明泰朝夕相處，可能比較難感覺到變化，但我的母親及姊姊，每兩週看見明泰一次，每次都可以清楚感覺到不一樣。她們驚訝的說：「明泰，這回你真的變瘦了。」

至於夫家那邊倒是還好，畢竟明泰的哥哥已經是減肥成功的範例，甚至還上過媒體呢！

雖然對於外表的改變，家人感到驚訝，但對於實際改變的過程，卻沒人能夠比我更貼身的看到明泰所做的努力。身為業務，我和他每天依然得忙碌的拜訪客戶，我們的三餐，絕大部分時候都是外食。這樣的情況下，每天接觸到過多油、鹽、糖，卻仍能照原定計畫，持續減重減到標準後，繼續維持著好身材。這中間有著明泰立定目標就要完成，並且日復一日按表操課，不因晴雨而改變的毅力。

以結果來看，他真的成功了，這回的減重，跟以往頂多只持續一、兩個月的模式完全不同，他真的變成大家眼中的型男。

對我來說，明泰的健康仍然是我最關心的事，我從來不是以外表為主要考量。減重後的明泰，除了身形變瘦，被人家稱讚帥氣外，他的自信心也大爆發。

像減肥這樣的事，過程中難免會被潑冷水，會被人說「不可

能」之類的喪氣話，但明泰都可以處之泰然，不被外界影響。他曾跟我說：「做一件事，最重要的是對得起自己，當立下誓言後，重點在於自己有沒有認真執行。至於別人的看法，不需要在意，也不要受各種閒言閒語所左右。」

閒言閒語當然是有的，其實也多半也不是惡意。例如我的閨蜜們，可能基於關心的角度，看到我在照顧 Baby 的時候，就會叨唸：「妳那個老公啊！怎麼都不幫忙照顧孩子，妳在忙，他卻跑去運動？」

我會告訴她們，一個大男人怎麼帶小孩？小 Baby 很嫩，我還擔心他粗手粗腳呢！感謝朋友的關心，只是我們有自己和諧的分工模式。

總之我對明泰是百分百的支持，就算他將來有一天復胖，我關心的也不是他為何變胖，而是他的心路歷程。若有那麼一天，肯定是他內心發生了什麼事，因此而做了什麼決定，才會有後續的行為。

變成師奶殺手、鮮肉級型男

不過，變得更「帥」的明泰，因為心境改變，生活也有了明顯的改變。

最大的改變就是，他變得更加積極外向了。

從前的明泰，是認真踏實的人，但現在的明泰，比那時候更敢接觸陌生人。原因很明顯，因為他變得更有自信了，講白點，就是更想「展現帥氣的自己」。

在公司裡常有很多同仁會向他請教瘦身方法，甚至還北、中、南四處分享減肥相關心得，有蠻多人因此大有收穫，也跟著瘦下來了。

有人曾問我，老公如今已經是典型的高、富、帥，同時身材那麼好，會不會擔心有些女生，主動親近他？

對於這樣的問題，我總是一笑置之，畢竟，夫妻間的信任、默契，是無可取代的愛及親情，而我對自己的外貌、身材也是相當有信心的。

我喜歡看著明泰的新改變，有時候覺得他變得像是個孩子。現在的他很愛買新衣服，有點自戀，喜歡在鏡子前照很久，還會換造型。現在的他也很愛自拍，有時候我都很納悶，這裡有什麼好拍照的？但他就是走到哪兒拍到哪兒，以前的他可不會拍這麼多照片。

所以對於想減肥的人來說，我要以我老公明泰當例子來證明，減肥真的會讓人更有自信，也更可以享受多采多姿的人生。

每當我和朋友聚會，我的閨蜜好友們一見面就問：「唉呀！雪蓉，妳老公今天沒陪妳來啊？」

　　我總是笑她們：「姊妹們見面幹嘛每次都問我老公會不會來啊？」

　　因為她們常看我的臉書，而很愛自拍的明泰，經常拍帥照上傳臉書，同時會標記我。所以我那群姊妹們，一看到我老公變型男，都很好奇，想看看本尊。

　　不只我的閨蜜們，包括我的娘家，我媽媽那輩的阿姨、嬸嬸們，每次見面都會提到我的老公，我回家就跟明泰笑說：「你知不知道啊？現在你已經變成師奶殺手囉！」

　　這是明泰減重的真實故事。

　　他的改變不論在事業上家庭上，都帶來正向的影響。

　　減重絕對是有益健康，也能讓生活更幸福。

　　值得所有曾說過要減重，但目前還未下定決心的朋友們做參考。

第四篇

減重實戰篇

坊間有很多減重相關的書，不論透過運動、抽脂、飲食控制法，甚至動手術切掉部分的胃，都有很多專家、學者、醫生可以提供意見，也有適合的醫院或醫美中心。

我則是提供我自己這個普通人的實際經驗讓大家參考：

第一、不能極度違背自然。

第二、有心應該都可以做到，甚至不需要什麼額外花費。

第三、持之以恆做下去的可行性高。

如果可以符合以上三點，就是我認為自己可以接受的減重法。我所做的減重方式實用簡單，而且我思考、分析過，符合自己腦袋可以接受的邏輯。

就是依照最簡單的「運動消耗熱量」，以及「每天吃進剛好的熱量」，就是簡單的熱量平衡。非常符合自然，不需要額外的花費，並且真的可以持之以恆做下去。

從零開始：兩大基本減重必做事務

在我剛開始減重時，完全沒有想到會有寫成書的一天，一切都很自然，朝著心中藍圖前進，後來才發現，我自己正好就是個

從「Before」到「After」的範例。

當時聽從我哥哥的建議，專注在兩件事上，這兩件事也跟大家一起分享：

一、每天要走一萬步

這個目標很明確，並且有個衡量標準，所謂一萬步，不是「大約」就好。我剛開始是透過手機上的計步功能，後來還去買 Garmin 的運動手錶，認真、精確的每天測量是否達到一萬步。

一萬步只要有心要走，正常人應該都可以，連我哥這個當時 142 公斤、走路都會喘的人也可以。所謂一萬步，也沒有什麼複雜的規定，沒有「每步步伐要多長？」、「怎樣才算一步？」這類鑽牛角尖的問題。

走路，不像賽跑競技，沒有起跑點、跑步路線、不准犯規等等規定。走一萬步，就是扎扎實實的，不限地點、不限時間、不限規則，一天 24 小時之內讓自己走一萬步，原地踏步也算。

1. 不限地點

正常的情況下，你可以專心只做走路這件事，例如在公園裡或操場散步。

　　但也可以邊找朋友邊走路，包括從停車場跨出自己的車，走到朋友的辦公室，這都算在一萬步裡面。

　　甚至，包括下雨天，或者特殊情況（例如等待下個會議的時間），在室內依然可以走一萬步。可以繞著會議室走圈圈，可以在走廊上來回走，這也沒有違反走路規定。只要自己願意、不影響別人的狀況下，全世界都是我的一萬步場地。

2. 不限時間

　　可以趁早上空氣清新的時候，刻意在校園開放時間，或去運動中心的操場走路運動。若住家跟辦公室距離不是非常遠，晚上下班後，回家就不開車，試著自己走。也許辦公室到家裡只要走 40 分鐘就到了，下班時間大塞車的情況下，搞不好走路還可以更快到達。

　　其他包括中午買便當的時間、休息時間、上班時間起來走走、半夜睡不著起來走走，只要想「走」，任何時間都可以。

　　但要注意，若是在天黑的時間要走，一定要在安全的地方，馬路邊還是有點危險的，當然也請不要穿得像阿飄。

3. 不限規則

除了「一萬」這個基本底線，沒有其他規則。

可以將一萬步分好幾個時段走，例如早上走三千步，中午出去買個便當走一千步，晚上補滿六千步。可以邊做其他事邊走路，包括拜訪客戶，也包括在辦公室裡邊想企畫案邊繞著牆走。

以我自己的經驗，我老婆在產房待產時，我就在旁邊原地踏步，直到我老婆看不下去，叫我出去晃晃。因為一邊待產一邊看著老公原地踏步，感覺實在很崩潰。

當然，一萬步只是最基本的，若可以走超過一萬步，也不用限定自己，已經達一萬步，今天就不用再多走路了，因為多走就消耗更多熱量，對減重來說也就是賺到了。

另外，也不必真的「每走一步，就計算這是第幾步」，如果忽然間一個閃神，忘了自己計算到哪了，還必須重算，這樣很快就會放棄了。所以，現在已經有方便的計步器及手機計步APP，藉由機器來計算會比較輕鬆，也不會耽誤其他正在執行的工作。

其實，減重就是這麼簡單，如果有任何人說，「沒時間」、「沒場地」、「沒機會」走完一萬步，那就真的只是在找藉口。當然，也不一定只能靠走一萬步來減肥，只是這真的是很簡單、

不花錢又隨時可做的運動。

二、每天的飲食，不能超過消耗掉的熱量

比起走路來說，這一點一開始是非常難克服的。

畢竟，美食當前，怎麼有辦法閉起眼睛，假裝自己只是眼睛業障重或者暫停呼吸，阻止香氣飄進鼻孔呢？

實際上在許多時候，人吃東西的目的，早已經遠遠的超過身體飢餓補充養分、熱量的需求，而變成是過度的口腹之慾。甚至連身體也被養成習慣，明明不是真的餓，卻因為胃被撐大了，所以時時被提醒著，想要覓食，想要填補嘴巴的空虛。

過度嘴饞並不能為身體帶來好處，過多的食物，除了帶給體內更多負擔，並且多餘的養分，不一定能排泄得掉，進而累積在身體不同部位，形成多餘脂肪，甚至變成生病的因子。

就算不是為了減重、瘦身、變帥、變美，我們為了要有更健康的未來，正確的控制飲食還是必要的。

本書不是健康營養學專書，不談複雜的健康飲食法，也不談各種細部的食物營養與身體機能如何對應，或者身體排毒工程。

但有一個重要的觀念提供參考，就是減重這件事，運動是重要的，但控制飲食，也就是每天攝取食物時，控制在一定的卡路

里數字這件事也很重要。

　　簡單來說，瘦身期間每天吃進去的熱量不能超過消耗掉的熱量。若超過了，而且常常超過，結果會如何，不用我說，連小學生也知道。

關於減重，飲食上的注意事項

　　減重這件事，如同每個人以前在學校念書一般，雖然重要，但每個人的目標可能不一樣。

　　例如有的人想要讓自己變成上鏡頭的型男，有的人則覺得不要過重就好，甚至有的人想要讓自己看起來有分量點，不要感覺太單薄，需要的就不是減重而是增重。

　　無論如何，以減重這件事來說，可以這樣開始：

　　第一：設定具體的理想體重數字。

　　第二：有了目標數字，才能朝那個數字「努力」。

　　第三：怎樣做呢？就得要靠基本功。

　　減重成功與否的關鍵，就是一個人能不能夠堅持做對的「基本功」。

　　所謂對的基本功，對我來說，就是「運動」＋「飲食控制」：

1. 找到適合自己的運動並循序漸進，朝理想數字邁進。
2. 找到健康不過度苛刻自己的飲食方法並長久持續。

適合自己，不過度苛刻自己，以自己為中心的概念，為自己個人的狀況設定運動、飲食方式。在套用別人的公式時，自己一定會感覺得到這個方式適不適合自己，是在部分自我調整後便可以持續進行，還是會堅持得極度痛苦。設定自己的基本模式之後，可以不斷微調，直到調整成最符合自己狀況的方法。

第四：建立新習慣

第四步也是很關鍵的一步，我們看過太多的例子，一個人發誓要減重，但持續一段時間後，還是破功了。為什麼呢？因為一件事只要沒有變成習慣，就永遠處在「硬撐」的狀態，一個人靠硬撐來減重，就非常難成功。

建立一個新習慣，聽說連續堅持 21 天就會變成習慣，只要達成第一次的 21 天，再繼續做下去，第二次 21 天、第三次 21 天……，就會變成難以動搖的習慣。

讓「舊的自己」轉變成「新的自己」的關鍵，就在一個人是否可以將有助於減重的種種模式，變成「新習慣」。這一步若能

成功，減重的未來就海闊天空，這一步若跨不過，即便短暫時間瘦了些，肥胖的魔鬼卻仍虎視眈眈在招手。

第五：打造「最終健康身體」

體重數字是最後的結果，一切都是「水到渠成」不強求。

有個中心思想：

慢就是快、快就是慢。

我能做的就是在有限時間內，大量執行正確的作法，再去調整與修正，並持續學習新的資訊去調整成「更升級的腦袋、更有效能的基本功」。

關於減重飲食上應注意事項：

飲食基本公式：

有一個名詞叫「基礎代謝率」。

指的是，一個人若一整天都不動所消耗掉的卡路里。

這個數字會依據每個人的年紀、性別、以及體脂率而略有不同，有個概算的公式提供給大家：

男性：（13.7× 體重（公斤））＋（5.0× 身高（公分））－（6.8× 年齡）＋ 66

女性：（9.6× 體重（公斤））＋（1.8× 身高（公分））－（4.7× 年齡）＋ 655

（資料來源：美國醫學學會）

　　大家可以自己估算一下，但最準確的作法還是去醫院測試，或者去測 in body（身體質量測量）。

　　一個人一天消耗的熱量：

基礎代謝率＋消耗食物所需熱量＋運動消耗熱量

簡單來說：

如果吃進來熱量＞消耗熱量→變胖

如果消耗的熱量＞吃的熱量→變瘦

　　建議瘦身期間要吃的比基礎代謝率再多一點，若長期進食少於基礎代謝率，身體會向肌肉要求熱量，容易導致肌肉消失，當基礎代謝率越來越低，反而容易會越減越肥。

飲食與體重變化：

體重變化跟每個人理財的收入與支出很類似。

一個人可以每天亂花錢，也可以只花必要的錢，甚至把錢投資在資產，帶來未來更大的效益。

同理，吃進來的食物也要挑選。可以亂吃，然後讓自己身體變差，也可以只吃較佳的食物，甚至設計好符合自己的菜單。

基本的飲食要求：

1. 精緻食物、高 GI（升糖指數）、油炸類少吃。

2. 可選擇體積相同、熱量較低的食物，例如青菜。

3. 若體質許可，可喝黑咖啡、綠茶。

4. 運動後記得多補充蛋白質。

5. 要多多攝取纖維（青菜之類）。

接下來，讓我們持續「增肌減脂」以精進體質。盡量少喝含糖飲料，若喝不了沒味道的水，可以先從無糖但有味道的茶類、天然加味水或低熱量的飲料開始，漸漸的，就會越來越能接受白開水了。

飲食清淡久了，就可以體會食物的原味其實更美味，當然也吃得出哪家餐廳的食材不實在或不新鮮。另外，也可以餐前、餐後都喝些水，增加飽足感。

飲食與代謝概抓統計：

依照我自己概抓統計區間：5/14～10/10（共 150 天）

80 公斤的人，每步行 30 分鐘大約消耗 250 大卡的熱量，而消耗 7700 大卡約莫等於 1 公斤，因此可以推算：

2,260,695 ／ 150 天＝ 15,071（每天行走步數）

15,000 步假設在 135 分鐘內完成（含小部分跑步）

250 大卡×（135 ／ 30 分鐘）＝ 1,125（步行消耗的卡路里）

假設每天吸收基礎代謝率左右的熱量：

1,125 ＋重訓日均 20 分鐘＋日常行為＋消耗食物所需熱量 ＝約莫 1540 大卡

1,540 × 150 ＝ 231,000

231,000 ／ 7,700 ＝ 30（kg）

這只是一個概念，其他關於吃的食物、天氣、燒腦、偶爾做伏地挺身等等，都會是變數。

其實這個公式很像理財：

收入－支出＝儲蓄

如果每個月賺 50,000，認真存 30,000，這樣很厲害。但用

了半年存 180,000，一次刷卡就花了 200,000，這樣還是負債。相同的，一次吃到飽之旅，可能就毀了好幾個月的飲食控制。

我的階段性過程：

- 第一階段：110kg → 100kg，因為體重過重，所以僅能走路運動，均一日 15000 步。
- 第二階段：100kg → 95kg，開始加入慢跑，一週約莫 2 次，每次約莫半小時，每日走加跑約莫 15000 步。步數不變，但運動強度增加了。
- 第三階段：95kg → 80kg，走加跑加重訓，慢跑一週 2 次，加健身房 1 次，每日走加跑約莫 15000 步，運動強度再增加。

我曾經紀錄過的菜單：

菜單很重要嗎？若懂得在有限的熱量內設計菜單，均衡飲食效果會更好。

早餐：無糖豆漿＋水煎包 1 個，大約 500 卡。

中餐：滷雞腿便當（飯吃 3/4），大約 800 卡。

晚餐：滷排骨便當（飯吃 3/4），大約 800 卡。

　　當然也會依據當天的活動微調，例如有跑步就把飯吃完，跑完若餓了，就吃香蕉或麵包。而且，每天可以替換相同熱量的食物，也可以非常有變化。

　　「增肌減脂」是一個努力的方向，可以讓自己有更好的體質、身材，類似基礎代謝率上升，也就是吃的跟之前一樣，但比較不會胖。

　　建議讀者可以找一天，去算出自己的基礎代謝率，就大概知道飲食控制要做到什麼程度，也大概知道怎麼訂出自己的瘦身計畫。另外，個人經驗是跑步、重訓或走路，都盡量抽空檔去執行，以不影響行程為主，這樣才不會本末倒置、因噎廢食。

　　有個功課在初期必須要去做，就是自己去了解「卡路里」，提供一個APP程式給大家參考「My fitness Pal」（有免費版本），這是卡路里計算機和膳食（營養）追蹤工具，記錄一個月就會非常有 sense 了。其實就跟「理財記帳」一樣，熟能生巧（就像魔術方塊玩久了單手閉眼都能玩），這種基礎功不能省。

追求每日的平衡

　　不談複雜的算式，不做高深的理論分析。

　　以人人都可以清楚明白的方式簡單的說，要維持身材，只要

做到一個簡單的公式：

自己的身材＝每日的卡路里吸收熱量－每日的運動健身量

換句話說，當每日的卡路里吸收量和每日運動健身量不平衡，就會讓自己身材不平衡。

- **一般上班族常見的狀況：**
  四體不勤，每天困在辦公桌前，三餐吃的是速食或油膩的外食，每日的卡路里吸收量過多，又沒能透過運動健身來消耗熱量。最後個個變成大肚男以及小腹婆，這一點也不讓人意外。

- **現代年輕人的狀況：**
  年輕人比較好動，平常可能也打籃球或者做各種戶外運動，但在三餐方面，卻容易選擇垃圾食物、高熱量速食，吃飯不定時，愛吃油炸以及含糖飲料，晚上熬夜又吃消夜，再多的運動，也抵不過卡路里大量吸收的不平衡。於是許多人年紀輕輕就肥胖，一身是病，甚至不到 30 歲就有三高的人也越來越多。

- **有些文弱的女孩子，身體一樣有狀況：**

她們刻意減肥不吃東西，但也不愛運動，導致全身蒼白、肌肉無力，有的曬太陽沒多久就昏倒。因為飲食不均衡，導致身體缺乏營養，不運動讓身體變得更加虛弱。

以上都是需要注意的狀況。

多吸收一些資訊，比較容易改變一些得不償失的舉動。以香雞排為例，據不負責任的小道消息，一個炸雞排或一杯珍珠奶茶大杯全糖，都約莫有熱量 800 大卡，大概等同於一個 80 公斤的人，在一小時內跑完八公里所消耗的熱量。也就是說，幾分鐘就嗑完的熱量，卻需要慢跑一小時才能消耗掉。

還要選擇吃一塊雞排再加一杯大杯珍珠奶茶嗎？當然可以，但自己吃進去的食物，就要自己想辦法消耗掉。如同刷卡用掉多少錢，之後就得要賺多少錢去還掉一樣，自己欠下的債，是要自己去還的。

最好的方法，當然還是「適當的飲食」搭配「適當的運動」，一切剛剛好為要。

但若問我，如果偶爾吃過量，是否可以靠運動多一點來補回呢？我覺得是可以的，只是我很少嘗試。就算有機會去吃大餐，

我也已經養成吃足夠熱量就好的習慣，這已經不只是身體吸收的問題，也包括心理習慣問題。

若一個人開始破戒，今天破例一次，明天就可破例第二次，不久就會一路破到底。

有人認為人非聖賢，偶爾放縱一下無妨，這也不是沒有道理，不過要記得，長期下來要能收支平衡。再次提醒，這好比一個人每月收入 50,000 元，每月固定支出 20,000 元，5 個月可以存下 150,000 元。

可是這個人也可能在第 6 個月，就一口氣刷卡 150,000 元，把之前儲蓄全花掉，刷卡動作可能不到一分鐘，但過往 5 個月的努力全部都白費，甚至還會負債。

我們的健康也是同樣情形，就算每天定時運動，可能一次吃到飽放縱一下，就全部破功了。多吃一塊雞排就要多慢跑一小時，有多少人真的在原來的運動量後，再去多跑那一小時呢？我知道很多人也想減肥，但 10 個減重 9 個失敗，大概就都是敗在這種「努力一陣子，破功一下子」的心態。

另外，以個人的胃容量來說，均衡飲食的人，每天固定的食物，讓胃保有彈性。但如果暴飲暴食，就算偶一為之，也會將胃撐大。

就好像原本可以容納 5 張桌子的餐廳，硬被拓展成 20 張，當餐廳變大覺得空空蕩蕩時，就必須招攬客人來填滿桌子，於是我們的胃就天天咕嚕咕嚕叫，這時要再談減肥，可就更難了。

打破心理障礙就能做到

知道了上面的簡單公式，也知道我們若「每日」可以做到均衡飲食、定量運動，就可以減重以及維持好身材。

雖然方法那麼簡單，連小學生都知道該怎麼做，但為何大部分人仍覺得做不到呢？那是因為「知道」跟「做到」是兩碼子事。

有時候，真的就只是卡在「心理障礙」，因此，我自己使用的減重方式，是要讓自己從心裡接受，找不到藉口去推拖。

無法達到某個目標，往往來自於自己的心理障礙，就好像前面所說，每天走一萬步，夠簡單了吧？但我相信很多人的內心會自然浮出幾個問號：「真的嗎？真的那麼簡單嗎？我不相信就是這麼簡單。」既然不相信，就不會照做，所以即使是最簡單的減重方式，也無法落實。

這裡要和大家分享維基百科上的「10 秒障礙」，知道這個名詞的涵義是什麼嗎？這是指在人們的認知裡，人類 100 公尺短跑的「極限」無法低於 10 秒，直到 1968 年 10 月 14 日，在第

十九屆奧運會中，美國田徑運動員吉姆・海因斯跑出了 9.95 秒的百米賽跑成績，讓世人了解，原來 10 秒紀錄是可以被打破的。

後來怎樣了呢？當有人打破紀錄，就常常出現跑進 10 秒內的成績了。因為先自我設限，所以很多原本只是「認為」不可能做到的事，就「真的」變成不可能。

以我的例子來說，我的典範就是我哥哥，既然已經有一個範例，可以從 142 公斤減重到 70 幾公斤，他年紀比我大，工作上的職位也比我高，管理的人更多，還有兩個小孩要照顧，當時他還在念臺大 EMBA，可運用的時間比我更有限。

感謝有這個眼前的案例，讓我找不到藉口。因為想到他的障礙比我多得多，自我設限的框架自然就突破，也不能說我做不到了。

同樣的，我也願意以我自己當範例，讓大家都知道，就算是一個大隻佬，也可以在短時間內瘦身成為型男。

為此，我也經常上網 PO 出對比的照片，不是為了炫耀（當然，也還是有一些些展示的成分啦！），最主要的目的，還是希望大家看到了，可以相信我做得到，每個人也都做得到。

突破時間地點限制，目標真的可以達到

有人的「走路」限制是時間（太晚、太早、時間太少……），有人的「走路」限制是場地（沒地方走路，被困在某個地方……），有人的「走路」限制是情境（今天開會不適合，今天家裡辦喜事不適合……），以下列出一般人覺得不可能，但我們還是可以每天運動的例子：

- 我哥哥是個企業家，經常需要出差，有些國際航程要在飛機上待十幾個小時，加上過境機場因素，當天好像真的沒空去跑步。但事實上還是有機會做到，在飛機上，可以站起來走動走動，機場過境時，也可以在候機室裡走動。這不是舉例而已，而是我哥哥就真的這樣做過。

- 有回颱風天，我和哥哥在南部老家，若只是下雨也就算了，穿著雨衣也可以出去跑步。但像颱風這種天氣出門，會讓媽媽擔心，結果我哥哥怎麼做呢？我親眼看著他，以我老家的客廳為範圍，在那邊繞來繞去的走，他可能邊走邊和親戚聊天，或者邊走邊想事情。就這樣，他也可以走到一萬步。

- 我自己的例子，也是我老婆最常拿出來說的（前面有提到），就是在她待產那天，由於孩子報到的確實時間不

確定，前面的時間就只能等，也不可能離開待產室。在等待的時候，我就在醫院病房的範圍內走來走去，或原地踏步。走到我老婆都快暈了，有點快崩潰，請我不要再在她面前晃，於是我只好到醫院外面繼續走。

- 另一個例子也是跟我老婆有關（老婆對不起……），我老婆坐月子的時候，我在月子中心陪她，也把女兒推進房間，我一邊在原地踏步，一邊看著女兒。看著她，就可以持續運動很長的時間，進入心流狀態。

每天一萬步是基本量，但我常常超過這個數字。

有一次我從三重，一路半跑半走的，走到了桃園銘傳大學。真的不誇張，地圖上看起來好像兩個縣市，其實以直線距離計算，我覺得步行是還可以接受的。

另外有一次，老婆回娘家，我要去接她，老婆娘家在基隆，而我自己的家在汐止。我心血來潮，選擇不開車，而是用走的，實際距離多遠我忘了，但就是真的從新北市走路到基隆市。甚至我已經走到基隆，到我老婆娘家門口了，我還意猶未盡，繼續一路走到基隆港，花了三個多小時。

不過那次的經驗是，因為走太久，腳已經不是我的了，回程

沒辦法再走，而必須搭車，但發現我一早出門忘了帶錢，只得打電話給老婆求救，請她來載我回家。對於這種「危險行為」，請不要任意模仿，可不是每次都可以有人來救的啊！

除了走路，我也常練跑步。

大部分時間我會在我家樓下，繞著社區跑步，有時候會去健身房使用跑步機。有一次，聽到某人跟我說，當一個人可以連續跑三個小時，人生還有什麼做不到的？雖然那個時候我還很重，但我訂下一個目標，要在跑步機上跑加走三個小時（我把標準放比較寬），完成後覺得很有趣。

因為那臺跑步機的設定，一次最多只能一個小時，也就是每小時要重新設定一次。在跑步機停止的時候，也是一般人最容易放棄的時刻，想著已經跑完一輪了，今天就這樣吧！心中的小天使跟小惡魔不斷互相拉扯。

事實上，那天我跑了兩個小時後，第三次準備設定時就想要放棄，覺得今天這樣就夠了。但當下轉念一想，這是自我欺騙，等於是騙我女兒，我已經發誓要為女兒減重，怎麼可以說到卻做不到呢？

後來我真的努力跑完三個跑步機行程，完成對自己、對女兒的承諾，閃耀的榮譽感充滿了全身，雖然身體是疲累的，但內心

會稱許自己是個厲害的傢伙。

　　說實在的，初始我在練走路以及後來開始跑步時，除了身體的負荷外，也會有來自心裡的負面聲音。畢竟跑步那麼累，氣喘吁吁，腳筋痠痛，就會想著，如果可以坐下來多舒服啊！這時候我就試著找出有意思的回憶或聯想，設法讓跑步變得有趣。

　　我可以邊跑步，邊看跑步機上的電視節目，或者是聽令人振奮的音樂，或是名人演講，甚至是內心自我對話等等。

　　後來我開始參加路跑活動，也會去統計參加過哪些比賽，我參加過臺北市路跑，也參加過新北市路跑，還有桃園市路跑，當「戰績」逐漸累積，跑步就變成很有意思的事。

　　最後我要強調的，當看著前面的種種走路及跑步經歷時，也請讀者想想我的工作，我不是閒來無事的退休族，也不是有大把時間的學生，我是工作忙碌的業務人員，並且是團隊的處經理。雖然不敢說是日理萬機，但每天行程表也真的排滿滿。

　　如果這樣的我都可以突破時間限制、場地限制、情境限制，不論你是哪種行業，也都可以找到屬於自己的走路方法。

　　某次，我有個說走就走的瘋狂行程，就是在 40 小時內，騎大型重機環島一圈。在那之後，我發表了一篇文章，因為跟突破框架有關，我也擷取並微調內容，與各位讀者分享心得。

　　考上重機駕照已經好幾年，只去租過一次重機，騎了 3 小時玩玩而已，這幾年來也幾乎都只開車不騎車，這輩子更從未騎車環島過。所以兩日重機環島，對我而言簡直難上加難。還好有位夥伴有環島經驗，也有重機駕照，因此可以順利完成這趟 48 小時 1,000 公里的重機環島之旅。

　　經歷了手曬傷、脖子疼痛、全身痠痛、感冒、下雨飆西濱而全身被風吹到狂抖、松鼠暴衝搗亂、蛇在路上嚇人、狗狗竄出虛驚一場、騎到田中無路可走、無止境的山路施工趕車想睡覺、創下自己飆車的極速……等族繁不及備載的經驗。

　　也因為有這一趟旅程，沿途看到臺灣很棒的風景（東海岸超美），把過去坐遊覽車經過的路，再次重遊一次，收到對向重機騎士們的比讚鼓勵，臺灣各地鄉親的熱情互動，知本泡湯解痠痛再吃泡麵的爽快，這些感受筆墨無法形容。

　　這趟旅程沒有事前規畫，也沒討論過路線與住宿細節，因為如此，才能說走就走。有時候因為想太多查太多資料，反而容易裹足不前，38 歲的我，再不瘋狂就邁入中年了。「恐懼」真的都想像出來的，唯有「執行」才有真正的答案，Just do it！

　　世界很有趣，等著我們去冒險，fighting！

其實，真正限制住自己的永遠是自己的那顆心，當瓶頸浮現時，內心深處常常會有兩種截然不同的想法在腦中交戰（何苦呢？ VS 憑什麼我不行？）。我們可以選擇「消極」並找藉口，或「積極」去戰勝瓶頸，由自己決定方向，不需要把責任歸咎他人。

　　我很感恩原生家庭的塑造，讓我學會了穩定長久、深思熟慮、步步為營、安全至上，也很感恩進入了政大統計系，讓我了解統計的思維、分析與應用，也造就了在答案裡找出問題的 debug 性格。

　　感恩富邦創業制的思維，因為終極夢想，給自己可以改變人生的一個大膽決定。其實，我很不適合做業務，很多身為業務所需要的性格與思維，我都有待加強，包含大膽、冒險、積極、熱情、勇敢、同理、彈性、大方、雞婆、敢要求等等。更別說北上的南部年輕人，沒人脈，又不玩社團，以前也沒花時間在人際關係、交際應酬上。

　　還好，有父母在血液裡留下「不服輸」的 DNA，我從來不怕吃苦，我只怕未來沒有前途，更怕家人對我失望，超怕人生終點線出現時，很多事是因為沒勇氣去做而造成遺憾。

　　我常想，人要有野心，只要是別人做得到的，找出差異點努

力補足，就是下一步該做的事。我不曉得去做後能不能成功，但我知道，不去做就一定沒機會。

　　最後，真的要感謝客戶、朋友、家人、太陽夥伴、富焱家人們，我在各位身上學習到很多，也謝謝大家包容與支援我的很多不足之處，我才能一步一步往前持續邁進。

　　美國總統林肯說：「噴泉的高度，不會超過它的源頭。一個人的事業也是如此，它的成就絕不會超過自己的信念。」

娘家家族照

小女兒換老公了

——專訪李明泰的岳母 吳媽媽

女婿，就是半子，特別是對吳媽媽來說，女婿更是重要，因為吳家有三位如花似玉的女孩，每個都是心肝寶貝。

好在女兒們都嫁得很好，最小的女兒也就是吳雪蓉，正是嫁給了李明泰。

以下是吳媽媽的專訪：

「始」、「終」如一，中間很嚇人

人家都說丈母娘看女婿，越看越順眼。我就覺得李明泰這個人很誠懇、上進，政治大學畢業的，有涵養。當然外型也不錯，年輕帥氣，和現在差不多。雖然身材曾經有過驚人的發展，讓我為女兒擔心了好幾年。

我第一次見到明泰時，他的身材跟現在差不多，雖然到她們結婚時已經開始發胖了，但看起來也只是更「穩重」的樣子，還

153

不至於讓我想到會有什麼健康問題。結婚後，男人安定下來，過得更幸福，就會越來越胖，我那時候想明泰應該也是這種情形，雖然後來是要用「肥」來形容他的身材才更適合。

當然從胖到肥的過程不是一下子，我們又住得近，比較常見面，所以感覺不明顯，但一、兩年後，某一天就會突然覺得明泰好像太胖了。基本上這是可以理解的，業務工作那麼忙，經常要應酬客戶，連作息都不正常，哪有時間運動？

雖然同是業務工作的雪蓉，身材一直保持得很好，也只有懷孕後期時，才看起來有點胖。但我想，可能是明泰為了讓雪蓉能有更好的生活品質，真的很拚，所以應酬非常多。

我倒是不擔心外表，因為明泰還是長得很好看，我真正擔心的是他的健康，我們都知道，人一胖，很多毛病都會來。擔心歸擔心，但畢竟明泰不是自己的兒子，我也不太好直接跟他說什麼，免得影響她們夫妻感情。

所以只能在和女兒聊天時，說說我的擔心，女兒也跟我提到，明泰身體變胖後，的確比較容易會累，有時候回家也不太愛講話。我問女兒說，你們夫妻壓力大嗎？她說：「當然大，做業務的哪有壓力不大的呢？何況還要帶整個業務團隊。」

就這樣過了很多年，直到有一天女兒懷孕了，他們家要有小

寶寶了，突然間，明泰說想為了女兒而減重。

不論他的動機是什麼，只要願意減重，我都很高興，因為，健康的女婿，才能帶給我女兒幸福啊！

這一年來，明泰的改變如此的明顯，親朋好友看到還以為雪蓉換老公了。

明泰瘦下來後，最明顯的改變就是變得有精神活力，整個人也變年輕了，一下子從大叔變成學生的樣子。他變得神采奕奕，精神煥發，話也變多，不像以前總是有種疲累的感覺。這樣的改變當然很好，我擔心這麼多年的事，因為小孫女的到來，讓明泰真的減肥成功。

減重是好的，人好精神爽，有健康的身體才會有長長久久的幸福。

第五篇

正向平衡人生思維篇

減重不是一朝一夕的事，但也不像唐三藏取經那麼困難。基本上，減重只要依不同階段，設定適當目標，調整適合的飲食，就可以達成，不求快速就要有成效，但要追求的是扎實、一步一腳印的執行。

就如我哥哥跟我分享的「快就是慢，慢就是快」，重點就在穩紮穩打，一旦培養出運動及飲食的習慣而減重成功，就不太會復胖，除非哪天被當做神豬一樣養，不斷被灌食。

時常有人問我一些問題，在他們觀念裡，減重這件事，似乎總會和某些事衝突。當然，世上事情沒有十全十美的，難免要有所取捨。但要強調的是，減重這件事不一定會和事業發展衝突，更不一定會與健康身體衝突，頂多只會與任性、不節制的享受美食發生衝突。

基本上，人生就是要努力追求平衡，要能夠將事業、家庭、健康、娛樂、夢想與實現等樣樣兼顧。當努力減肥時，不一定會影響事業，還可能會提升事業。

減重與事業發展

最常被質疑的是有關減重會不會影響事業，尤其我這種需要大量服務客戶，及維持團隊持續進步的業務主管工作。

有人會說：「明泰，減重需要去慢跑，需要去做一些規律的運動。請問，做這些事會不會很花時間？你們的大老闆應該不會贊同吧？畢竟，你跑步要花那麼多時間，那個時間若用來開發客戶、拚業績，不是很好嗎？」

　　關於這樣的想法，我想要分兩點來說：

　　第一、有關生活的本質；

　　第二、有關業務的價值。

本質與價值

　　許多人認為，身為一個業務就是要追求業績，要每月達標甚至超標，爭取榮譽。

　　我覺得「達標」對身為業務從業人員，同時也是企業賦予重任的一份子來說，是很重要的一件事。但所謂「達標」，只是一個評量標準，就好像我們以前念書的時候參加考試，得到的成績是為了用來驗證，我們有沒有聽懂上課內容、有沒有用心學習。

　　如果考不好，代表對這個科目仍有不懂、不了解的部分，所以學習方式是不是有些部分要調整。但若反過來，以為念書的目的，就是要追求考 100 分，好像身為學生一切的努力，就是為了要爭取考試成績，真的就是本末倒置。

　　業務工作也是一樣，達標只是個評量標準，代表處在這樣的工作崗位，若要對自己以及對公司負責，每個月最起碼要做到的基本標準。但不代表著業務人員的人生目的就是為了業績達標，絕對不是這樣的定義。

　　工作是用來完成人生夢想的重要途徑，而做業務的目的之一，是要改善生活。因為業務是可以透過正確的方式，將自身努力拚出來的業績，直接轉換成實際報酬。所以，是要改善誰的生活？第一個是你自己，第二個是所有你可以影響的人。

　　所以，努力達成業績，讓自己收入變高，可以帶著家人過著更優渥的生活，也能看到父母安心的笑臉，更能讓妻子和孩子過著心中理想有質感的生活，這樣的人生會更有意義。

　　如果有個業務人員，只知道拚命賺錢，拚命追求業績，但完全沒時間回去看望自己父母，連自己的妻兒都只能看到她們熟睡的臉，賺的錢也沒機會好好運用，只是存在銀行裡，甚至連健康也搞壞，這樣的人生就有點失衡了。有時候，人生的重點不是只有錢。

　　關於影響他人的部分，業務人員的目的，是為了提供給客戶符合他們需求的產品，收入是做了雙贏的交易後產生的結果。所以，要很清楚自己能夠帶給客戶的是什麼，客戶需要的又是什

麼。業務要做的是，讓客戶先有愉快的感覺，再做問題的解決，如果，客戶的感覺不對，自然也不會接受我們建議的產品。

對我而言，生活的本質，是讓自己與家人一起過著有品質的幸福生活；業務的價值，是透過為客戶提供符合需求的產品，改善彼此的生活。要達成心中的理想生活，必須建立在身體健康的地基上，若地基不穩固、偷工減料，甚至用了海砂做為材料，蓋出來的城堡能夠住多久呢？

我在臉書上發表過一篇文章，是關於自己的工作價值，也在這邊跟讀者分享。

保險業務員的工作價值是什麼？

我想這答案因人而異，對我來講最有感的一刻，不是因為「錦上添花」而是「雪中送炭」。

當年進入保險業的原因，除了白手起家，想做業務翻身外，也因為小學時爸爸因癌症過世，當時因為沒買保險，家中陷入愁雲慘霧。當年，如果有人賣我爸一張保單，也許就可以拯救我們一家人免於經濟危難，媽媽也不會那麼辛苦。

所以，我很認同保險商品的社會價值，每次的理賠，支票背後的意義是「責任的承擔」，也是業務人員協助風險轉移的「具

體證明」。看到客戶因有理賠而比較不用擔心錢的問題，也可以得到比較好的醫療品質，心裡就有滿滿的踏實感，每每都讓我有種奇特的感覺，好像稍微彌補當年爸爸沒買保險的「遺憾」。

我們一直在跟客戶的風險賽跑，如果客戶可以終其一生健康，錢就是轉給其他需要幫助的人做功德，若有什麼狀況發生，至少可以將無法預料的支出金額轉嫁成確定金額的保費支出。

家，是我努力的動力來源，除了維持健康的身體外，更要推己及人，協助身邊朋友做好正確的配置。保險商品的價值定義很弔詭，在需要使用之前會嫌太貴，但在發生事情後，卻會後悔買的太少。

所以，想要跟誰買都無妨，能買醫療保險的人都是幸福的，我也要努力推廣保險的意義與功能，有空，找身邊的業務員定期檢視保單吧。

減重反而拓展更多客戶

問個簡單的問題。

甲、乙兩個業務員，甲一天花 10 小時拜訪客戶，乙一天花 8 小時拜訪客戶，兩小時陪家人以及健身，哪一個人的業績會更好呢？不要把它當陷阱題，只要簡單想，答案似乎很明顯是甲。

然而，如同我之前說過的，拜訪客戶看重的不只是時間多少而已，也要注重拜訪的品質。

　　一個人若沒有控制好自己的健康，當拜訪到第 10 個小時，甚至可能只拜訪到第 6 個小時，就已經體力不濟，整個人感覺被掏空，那麼客戶看到的就只是一具行屍走肉。所以，表面上甲看似每天工作 10 個小時，但如果乙的健康佳精神好，每小時的戰鬥力比他強，其實甲的業績不一定會比乙的業績好。

　　以我的例子來說，除了體力及精神要素外，透過減重這件事，反而經常可以幫我開發到新客戶，甚至有許多人會主動來認識我，這時我便深深的體會到，「人帥真好」。

　　以行銷學來說，等於我無意間開闢了新的客戶族群，對於大多數的業務來說，他們平常開發的對象，可能較少是運動愛好者族群，因為平常沒機會有交集。但發生在我身上的真實案例，因為臉書上的 PO 文分享，以及後來具體受邀去全臺各地演講，因此認識很多新朋友，也產生了商機。

　　原來減重這件事，無意間幫我做了客群差異化、個人品牌、形象。

　　其實，情況不應該是這樣的，本來應該是每個人都照顧好自己身體，培養好的精神、體力，現在反倒變成像我這樣願意努力

朝健康邁進的人成為特例，會被邀請到處去做講座分享，也就表示，大部分的業務人員都不是像我這樣。

如果有一天，每個人都可以注重飲食，時常運動，保持好身材，當這件事成為普遍狀況時，我就不會因為減重成功這件事，而特別被邀請去演講了吧！

現在的我，常常受邀去企業、社團演講，也曾去校園分享，講題常常就是「我如何瘦身成功？」但若是在自己所屬的企業，例如公司的其他分處演講，主題就會是分享業務經驗，同時加碼演出瘦身相關經驗做為呼應。

怎樣結合業務與瘦身？除了都需要設定目標，以及訂下執行計畫，隨時調整執行細節、方法，以求達成每個階段的目標外，同時我也分享另外一個部分，現在的我因為瘦身有成，客戶也都會很想了解這個部分，雖然如此，但我並沒有耽誤過我的業務工作。同時，我也不會因為業務工作而沒照顧到家庭，我仍會陪伴母親，也很常跟老婆一起用餐。

所以，當業務工作佔據我們太多時間時，就要思考有沒有更好、更有效率的方法。如果必須花很多時間才能達到業績，那就換個方式試試，不一定花越多時間就代表業績越好。

如同瘦身方法，在執行一段時間後，若沒有任何成效，就要

想一想是哪個環節有問題，再加以調整。不過，要提醒一下，不能單純看體重是否有變化，因為有時是肌肉增加、脂肪減少，所以體重不一定會有明顯的下降，而是要看體脂率是否有變化。

我本身如何邊健身邊跑客戶？方式有兩個：

一、確實把時間排開

例如，雖然公司規定的上班時間是九點，但我固定每天上午八點就到公司。提早到的時間，我有時帶領讀書會，有時也可以選擇去運動一下，有空檔時間也會預先安排運動時段。

除非有特殊案例，某個客戶突然需要我們前去處理，否則原本這個時間就不是跑客戶時間，所以要減重並不影響拜訪客戶。

再者，減重分運動以及飲食控制兩部分同時並進，運動如前所述不會佔據跑客戶時間，飲食控制更沒問題，因為我們本來就每天都要進食，跟拜訪客戶完全不衝突。

二、重視零碎時間

減重，不是一定要抓出一整段的時間來運動。以我來說，我雖然曾經一天花兩三小時走路，也曾做出從臺北走到基隆這樣瘋狂的事，但這些事不會天天發生，像走到基隆這樣的案例，也只

是利用假日偶一為之。

為了能確實達到每天該有的運動量,需要發揮小小創意,想想該怎麼利用自己從起床後,到晚上睡覺前的時間,把運動放進一整天的日程裡。其實時間絕對可以彈性分配,包括利用零碎時間,例如拜訪客戶時,我會把車子停得遠一點,這樣來回走路也算運動。

如果當天事務較忙,抑或天氣不佳,我仍然可以在室內邊走路邊做事。各位試試看,你是否可以邊講手機邊走路或原地踏步?這裡指的是在室內,好比說繞著辦公室一圈一圈轉,或走廊來回走。

我想這一點困難都沒有,一邊跟對方通電話,一邊兩腿不停走動,透過計步器可以計算出這樣走了多少步,當講完電話後,應該又多走了好幾百步。

上下班可以走路,等紅綠燈可以原地踏步,在辦公室開會也可以走路或踏步,畢竟走路並沒規定要專心,不用刻意全神貫注才能走路吧?當然,若是在戶外,走路當然要注意安全。若在某些場合,例如在室內,就應該可以一邊走路、踏步,一邊做其他事情。

可能會有人因為在意別人的眼光,而無法在公眾場合走來走

去或原地踏步。其實只要想著，我正在往更好的體型、更健康的方向前進，別人一定也看得出來我這麼做的用意，說不定還會佩服我的勇氣呢！

一個肥胖不健康的人，在需要幫助時，那些「別人」最多幫忙打個電話叫救護車，後續的醫藥費、安家費等等，他們是完全不會出手相助的。又如果因身材、健康，被喜歡的人拒絕或被甩，那種心碎也是自己一個人承受，沒有人幫得了。所以在不影響別人的狀況下，真的完全不用在意別人的眼光，尤其是自己在為自己美好的生活努力、奮鬥時。

再回過頭來談談，為何我走路運動反倒讓客戶增加？有一次我去拜訪朋友，雙方約在店裡談，朋友說可否帶另一個朋友一起過來，因為他想問我有關瘦身的問題。

結果我因此多認識了一個朋友，後來，對方也有保險需求，後續也成交了。在做陌生開發時，現在我的成功機率大幅提升，這也是當初始料未及的，果然是人帥益生菌呀！

減重拓展了我的視野

如果沒有減重，我都不知道家人曾經多麼為我擔心，只是他們不敢在我面前表現。試想，如果有一個心愛的家人，他的健康

情況不佳，但他卻不可能改變生活習慣，每天提醒他健康狀況不佳，是否只是讓他心情更不好而已？於事無補，又傷害感情。

所以在以前媽媽和老婆偶爾會叮嚀，身體狀況要照顧好，但不敢天天耳提面命這件事。直到後來奇蹟發生，那個100多公斤的明泰，這次真的說到做到，減重到只有70多公斤，這時候她們才敢告訴我內心真正的想法。

例如我媽媽就會跟我說，從前她對我的身體實在很感到憂慮，但又不好意思常常跟我講，怕影響我工作的心情。現在回頭想想，好在我真正減重成功，也讓我的家人不再感到擔心。

因為減重這件事，我聽到了很多新的聲音，包括家人的讚美，更包括很多朋友的回饋，以及長官在公開場合的讚揚。

當初我減重，並沒有刻意要把自己塑造成某個焦點，只是想透過在臉書宣示產生公眾承諾，讓減重這個誓言，成為既定事實，逼自己一定要朝這個方向走。

因為如果失敗的話，就會有很多人知道，我被自己的貪吃、偷懶打敗。但也因為公開在大眾的平臺，讓更多人看見，因此更認識我。這期間我也認識了很多新朋友，主要包括臉書朋友，分享會學員，也包括運動的愛好者。

從減重期間，我也得到很多新知。例如我認識一個朋友，他

常跟我交流瘦身知識、經驗，也表示認同我的理念。雖然減重理念一致，方法卻可以很多種，他的做法就是騎腳踏車。也就是因為他，我才知道，原來臺灣有這麼一群腳踏車健身愛好者，他們有個 APP，加入之後還可以計算排名。他就經常跟我分享：「明泰哥，我這週名次往上爬了！」這也是一種樂趣。

此外，騎腳踏車運動，還可以玩打卡遊戲，那位朋友訂下目標，要把臺灣海岸線的每個景點都騎過一遍，每累積一個新點打卡，就累積了新的成就感。同時間，自己的身體也越來越好，這種感覺真的很棒。

所以我也要強調，本書只是「我的」模式，我的模式就是每天至少要步行一萬步，加上控制飲食。但有跟我不一樣的模式嗎？當然有，別的不說，啟蒙我的減重老師，也就是我哥哥，他的運動模式就和我不同。他比較重視跑步，後來更成為馬拉松愛好者，經常為了跑馬拉松還特地出國，這件事已經成為他生活中的一大樂趣。前述那位朋友，則是透過騎腳踏車的方式，又是另外一種選擇。

其他包括游泳、重力訓練、有氧運動等，每個人都可以有自己喜歡的運動的模式，但基本觀念都是一樣的。

減重，就是一方面透過運動減去多餘的脂肪、消耗多餘的熱

量，一方面透過飲食控制，補充身體該有的營養、熱量，不要累積壞的脂肪，不要讓肥肉長在自己身上。

以結果來看，也分成不同需求。

例如以我來說，我的目標，第一階段是讓自己從 110 公斤，減為標準體重的 70 幾公斤。第二階段則是既要瘦又要有型，簡單說，就是要有肌肉、像猛男啦！所以我也經常做重量訓練。

以我哥哥來說，他已經成功從 142 公斤減到目前的 70 幾公斤，他想要維持瘦長健康的身形，但沒有特別想要做肌力訓練。因此他很熱愛跑步，只是身材不像我有點壯壯的樣子，但追求健康的目的是一樣的。

又比如那位騎腳踏車的朋友，他原本就不胖，沒有減重的問題，只是想維持好身材。有的人也是僅需要維持身材，或只要減四、五公斤就好，那就不一定要每天走路一萬步。但這些的共通點是，都要有屬於自己的長期運動習慣，以及正確飲食習慣，如此，好身材以及好健康，就會天天伴隨著我們。

說到減重可以拓展我的視野，這是因為很多事是在我開始減重後才知道的。瘦下來後腦袋變得更靈光，學習新事物也更快，更容易觸類旁通、靈光乍現，我的人脈圈也因瘦下來而更易拓展。這是我的真實體驗，所以我鼓勵想瘦、想減重的人可以真的

開始行動了。

要時時讓視野朝向未來

說起拓展視野，我經常在與學生分享時會聊到這個話題，其實這跟減重無直接相關，但我覺得是很重要的觀念，所以也在此分享。

我為何喜歡受邀上課？有時既沒有講師費，又必須舟車勞頓，但我認為讓自己處在學習的狀態上，是一件非常重要的事。身為一個講師，我若能講出符合時勢的內容，對臺下的聽眾會更有幫助。

因此透過經常演講，我要求自己要努力去掌握最新資訊。我在減重成功後，因為腦袋變得更清楚了，所以在吸收新知時可以很迅速、很大量，甚至很快就能把有用的資訊立即運用在生活、工作上。

人們常在說：「時代在變，我們也要跟著變。」

這句話聽起來像是老生常談，但我仍必須強調，現在的變化，又更加劇烈、快速了。我們身為業務工作者，經常可以第一線接觸很多人，就以我自己來說，也常感到時代變遷很快。

曾幾何時，周遭很多事物都不一樣了，比特幣、區塊鏈、大

數據、FinTech，前一年還沒有聽說的事，一下子忽然身邊每個人都在聊。

我常會跟大學生們說，現在的大學跟二、三十年前不一樣了，現在大學的錄取率幾乎是百分百。然而太容易得到的事物卻不容易被珍惜，學弟妹有時會忘了，進大學念書是一回事，入社會後才是另一所嚴酷的社會大學。如果不趁年輕好好規畫，將來是會後悔的，若能越早聚焦想要的，就能提前一步、領先一路。

現在已經可以用機器人來撰寫文章，臺北已經有無人公車，大陸也已經有無人超市，甚至在大陸上洗手間，抽衛生紙時還有臉孔辨識系統，同一個人在 10 分鐘內不能重複抽紙。在可見的未來，很多的工作被取代的機率很高，這已經不是假設性問題，而是現在進行式。

李開復博士就曾說：「10 年內，未來會有一半產業會消失。」就好比當年瓦特發明蒸汽機，很快的，馬車這個產業就被火車取代而消失，馬車夫也都失業了。

未來更是如此，別的不說，光以我所在的金融業，就應該要有危機意識，可能有些功能，將被 FinTech 的趨勢科技取代。

達爾文說：「物競天擇。」在這個最好也是最壞的年代，不是最強大的人就一定能堅持最久，具有彈性的人，反而更有持續

發展的空間。

　　但難道只能坐以待斃嗎？其實也沒有這麼悲觀，所以我很努力吸收資訊，讓自己盡量與時俱進，不只知道新知，也要試著去應用與體驗感受。

　　我們每天看臉書時，每個人會看到的廣告內容都不太一樣，透過大數據分析，臉書會針對不同人的需求與習慣，每天跳出完全不同的廣告頁面。像我的老婆經常收到保養品、幼兒用品折扣訊息，我收到的可能是最新的車款性能調查報告。很多以前想像不到的，現在都已經發生了，未來，更值得期待。

　　機器人可以做的事雖然很多，但還有很多事它們仍然做不到，所謂「科技始終來自於人性」，所有事務運作核心仍是「人」。機器人可以幫忙分析，但機器人不容易做到人與人互相交流的同理心，也無法體會情感，包括初戀、同情、愛慕等等和「情感」相關的感受，電腦都難以分析、判斷。也就是在「非理性」的行為上，機器人要取代人類是有些難度的。

　　今天會有這本書的問世，也是因為愛，出自於對於女兒的愛。為了成為更稱職的爸爸，我也開始閱讀親子相關議題的文章，有一次還因為聽了場演講，而去買了一副弓箭，而且把它放在辦公室裡，有人就問我：「你的運動範圍真廣，竟然也包括射

箭啊！」

我回答：「不是不是，這副弓箭純粹是裝飾品，但背後是有個故事的。我因為老婆懷孕了，有著即將當爸爸的喜悅，有機會也會去聽和養兒育女相關的演講。有一次，我聽到了很棒的課程，那位講師說：『其實我們可以用弓箭比喻親子關係，爸媽就像是弓，而孩子就是箭，爸媽不該約束孩子的一生。爸媽可以做到的，就是盡可能把弓拉滿，然後依照孩子本身的個性將箭射出，但不要硬去干涉箭怎樣飛、飛多遠？』」

那次的聽講讓我感觸很深，所以後來我就買了這麼一副弓箭放在辦公室裡，時時提醒自己，孩子是我們的家人，但孩子不是我們的財產。

他是獨立的個體，他有他自己的生命與使命，我們不要去用情緒勒索，不要把我們自己的夢想強加在他身上。當那一天到來，孩子想遠走高飛，就順應他的性子去，不要用自己價值觀硬去綁住他。

這是我的體悟，也分享給大家參考。

人人都要來運動

繼續回到瘦身的話題吧！

有人問我：「明泰，你雖然瘦身有成，但這畢竟是私領域的事，你會要求團隊夥伴也比照辦理嗎？」

首先我要強調，夥伴們對我來說，都是我的家人、朋友，既然是家人，我的減重過程對他們來說，也算是公私皆可分享的事。所以，我會認真分享我的減重理念、方法，但不會強迫每個人跟我一樣，可是或多或少，還是會有人受到我影響。畢竟，如果身邊有個一直在變瘦、一直在辦公室走來走去、體重明顯下降並養成固定紀律的人，當然有機會形成一些正向影響。

我不會要求團隊夥伴減重，但我有另一種方式提醒某些人，要注意自己的體重，就是用事實來造成壓力。

怎麼說呢？例如甲同仁體重是 90 公斤，隨著我的體重逐步降低，我就會常靠近甲同仁，透過聊天，甲同仁可能就會發現：「我的體重數字好像快被逼近了。」

如果是甲同仁，這時會不會緊張？原本比他胖 20 公斤的人，經過一段時間後，已經降到 91 公斤，而甲同仁不但體重未降，甚至還微升到 90.5 公斤。若不趕快運動健身，很快的，體重真的就會被我比過了。

　　然後，又朝下一個比我輕一點的乙同事前進，某乙體重是87公斤，各位讀者們應該可以想像，當我的體重下降到開始逼近乙同事時，有人就應該開始會進行飲食控制或運動了。

　　另外，每天早會也有自主運動時間，音樂一下，男生可以做伏地挺身，女生可以做開合跳。

　　也有一些有趣的經驗，出國時，我們團隊一群人在公車站牌前深蹲、在廣場十多個人做側棒（核心訓練）、在各地每天22下伏地挺身、在機場舉行李當啞鈴練二頭肌、眾目睽睽下一起波比跳等等。我的想法是，坐不如站、站不如走、走不如跑，要想健康，就把握每個時間，好好動一動吧！

　　類似這樣國外行程，並沒有嚴格要求旁邊的夥伴，一定要做運動，但大家一起來動一動，真的很好玩，又可以共同創造美好回憶。等年紀大，體力降低了，就不可能還這樣玩了。

　　每個人都是自己人生的主人，要努力往平衡的人生邁進，穩紮穩打，一步一腳印，運動如此，人生也是如此。

　　過去，我是個胖子，精神狀況與體力常常不佳，連走路都會累，腦袋常常昏昏沉沉，反應與思考有時慢半拍，也無法穿普通人的衣服。

　　現在，終於恢復正常身材，每天早起閱讀與運動，也會參加

馬拉松賽事，腦袋運轉終於升級，買衣服也不用再挑大尺碼，隨便穿都帥，有時比年輕人更精力旺盛。

　　未來，掌握在每個人自己手裡，祝讀者們，心想事成，如有問題歡迎加臉書或 Line 交流心得，一起往更好的自己前進吧！

LINE

FACEBOOK

員工心目中的李明泰

照騙老闆居然圖文相符了

——專訪李明泰助理祕書 陳怡如

　　明泰哥雖然是我的老闆，但他年紀比我小，所以有時候在我心裡就像是我的弟弟一般。不是說他能力不好，相反的，他是我認識的人之中，能力既好又非常謙虛的人。雖然他的職務很高，又經歷過很多業務會碰到的挫折跟人性黑暗面，卻還能保有澄淨的心，讓我覺得不可思議。

　　說起來，我加入他的麾下也才滿一年。我是 2017 年 3 月面試的，明泰哥是在他自己的臉書公開徵求助理，那時我完全不認識他，輾轉知道這個消息，要面試前特地上網找到明泰哥在臉書上的大頭照，看起來就是個俊秀的年輕小伙子。

　　面試當天走進辦公室，我用眼睛搜尋著大頭照裡的人，沒有一個長得像臉書裡看到的人，所以我開口詢問，接著有個胖胖的成熟男性舉手，本以為他是要指引我去跟明泰哥面試，他卻說他就是李明泰，當下我心中的感覺，很難形容。

眼前這個李明泰臉比較腫，和臉書上的照片完全不一樣，臉書上放的大頭照完全是「照騙」。當然，那是去年的事了，現在的李明泰，可是帥歐巴了。

那個轉圈圈的怪人

　　身為他的助理，我當然要非常了解這個人，最容易取得資料的介面就是臉書。因此我很認真的看他的臉書，隨著日期一直往前滑，我發現他過往也曾有過立志要減重的 PO 文，但似乎後來都沒有持續下去，否則就不會像我面試時所看到的那個樣子了。

　　我當時就心想：「哎呀！這個年輕人，大概就像大多數的人一樣，也會喊著想要減肥，想要讓自己不一樣，但卻永遠受不了美食的誘惑，永遠只會用『想』的方式運動。沒關係，反正對我來說，重點是他是個厲害、有想法的老闆，至於他是胖是瘦，對我來說都沒差。」

　　只是沒想到，這回明泰哥居然可以堅持那麼久，不管是運動還是控制吃入口的東西及分量，我有種被驚嚇的感覺，覺得他怎可能辦得到。

　　理論上，一個一天到晚都跟在他身邊的人，較難發現明顯的變動，但即便如此，我還是可以清楚感受到明泰哥正在變瘦 ing

中。天啊！這真是太神奇了。

而且，明泰哥也不吝於將這樣的事分享出來，他把從前的照片和現在的照片並排對比，哇嗚！還真判若兩人。

無論如何，作為他的助理，我很清楚他經常行程滿檔，我實在不知道，他可以在哪個時段運動。但不久之後我知道了，如果當明泰哥發現當天行程很滿，他就會辦公室裡繞圈圈。

是的，繞圈圈。

如果不是因為我認識這個人，知道他要減重，我可能會以為他是不是得了焦慮症，所以才會像被關在小籠子裡的動物一樣，一直走來走去。而且他是繞著辦公室一直走，有時候還會邊走邊喃喃自語，當然，他唸的是跟客戶有關的事項，或是在練習被邀請分享講座的內容。

繞圈圈可以繞到一萬步嗎？當然很難。但明泰老闆，他自然有他的辦法，我想像他如果在客戶的辦公室裡也是這樣繞圈圈，客戶應該還是會接受吧！總之，他真的越來越瘦，以女生的眼光來看，也越來越帥了。

如果我被人說臉變圓了

說起來，明泰老闆讓我很佩服，不只是因為他的業務能力，也不是因為他的無敵親和力，我真正佩服的是他堅強的毅力。

果然前世情人的力量很強大，要是我老公是因未出世的女兒開始減肥，卻不是因為我的提醒而願意減肥，我心裡一定會有點不舒服。

對於老闆在公眾場合運動，如果是我，我絕對不敢像他一樣，在眾人行注目禮的情況下，仍可以神色自若的「運動」。他不只自己運動，也帶領整個團隊吹起運動的風氣，他不像一般愛擺威嚴的老闆，會命令屬下做這做那的。以減重來說，他會提醒對方：「『死亡交叉點』快到了喔！你快被我超越了。」

但他的熱情絕對是具有感召力的，別的不說，我自己就曾被他感動，明明覺得他繞圈圈怪怪的，但我還是不知不覺學起他來，也真的把走一萬步列入我的行程。

當然，我沒明泰老闆那麼厲害，只是「偶爾」達標，通常是一個月至少有兩、三次完成，最高記錄是一個月有 14 次超過一萬步！我雖無法達到每天一萬步的境界，但在明泰老闆朝夕砥礪的影響下，我也有達到每日平均約六千步以上的境界。（拍拍手）

但無論如何，我還是不敢像明泰老闆這樣，在許多人群來來

往往看得到的地方做「運動」。像我們辦公室所在的這棟大樓，整棟都是富邦集團的，每層有不同單位，都是不同的團隊，明泰老闆敢在這些人面前繞圈圈，甚至也會帶領同仁做伏地挺身。像我就只敢去公園那種地方，和練太極拳的長輩們一起動一動。

我會開始做運動，除了被明泰老闆感動外，其實或多或少也有來自他的壓力。好比說，他跟我談公事時，會突然看著我的臉，然後一臉嚴肅的表情，接著開口說：「怡如姐，妳的臉好像變比較圓了呢！」

既然明泰是我老闆，我總不能當場拿檔案夾往他頭上 K 下去，只好默默認了。為了不讓他下次再有機會對我品頭論足，別無他法，我也只好開始運動，讓自己的臉不要那麼圓。

當然，明泰哥是很有智慧的，他會依照不同人的個性做輔導。好比說，如果當時他試探性的對我說，「妳的臉很圓」，我立時滿臉通紅或者表情不好，我想，他就會知道，這種「刺激法」不適合我，但我知道，他這個人立定目標就不會放棄的。

「此法不通，必有他法。」

這也是我佩服他的其中一點，他為了要成功減重，會一直調整方法跟飲食內容。說起來，擁有這樣的好老闆，也是我的福氣呢！（這句話明泰老闆應該會看得到吧！）

🧑 有樣學樣

經過老闆的刺激，也經常看到老闆臉書上的運動 PO 文，我後來也真的在自己的臉書上放訊息（雖然即刻就後悔了，但已經來不及了），真的有同學約我一起去跑馬拉松。

「饒了我吧！我這隻弱雞距離參加路跑的標準，還有一段很長的距離。」

「有多長呢？」

「暫定就是兩年吧！」

我以為當我這樣講，臉友就會放棄邀我，沒想到臉友跟明泰老闆一樣有毅力，他說：「好，那就兩年後約妳一起跑馬拉松。」

我臉上立刻出現三條線，但總之，我不得不繼續健身，若太不認真，就真的丟臉丟到網路世界去了。

我會這樣做，當然也是受到明泰哥影響（對不起，有時候叫他老闆，有時候稱他哥，雖然他年紀比我小），他有提到過，若把自己目標放上網路，除了自己監督自己，還有眾人會監督我。

現在我不僅放上臉書，我的文章還被放在書裡，每個看到這段文章的讀者，都變成監督人了，這就是所謂公眾承諾。我不是男生，所以本來可以不理「君子一言，駟馬難追」的承諾，但你們既然都看到了，我也只好兩年後真的跑馬拉松給你們看，還好

馬拉松有分很多等級，嘿嘿！

肥宅變歐巴貼圖

這個老闆真的越瘦越有自信，在他還沒完全瘦到現在的體重之前，他就請我幫他做瘦身勵志貼圖，並申請上架。想當然，內容就是各種減重、健康飲食標語，比如增肌減脂、每天一萬步、動起來、放棄就毀了等等，加上他自己的照片、大頭照。

會用自己照片做貼圖的，都是些大明星或名人，真的要是超有自信的人才敢，還沒瘦身完成就這樣了，等瘦到他想要的目標時，會做出什麼驚人的行為呀！

心裡覺得這個老闆太狂、太勇敢時，其實自己也不知不覺被這些貼圖影響。在做貼圖的日子到成功上架的期間，也因為每天看著這些減重、飲食標語，就算下班了、放假期間，這些標語還是經常跑到我腦子裡。

在這段期間我真的比較認真運動，本來每個禮拜都會很放鬆的吃一、兩次高熱量的速食，後來減到了一個月才吃一、兩次，本來至少都喝半糖的手搖飲料，也變成無糖的了。

到了現在，至少能維持住喝手搖飲料時，一定都是無糖的，即使是三分糖都覺得太甜。雖然我的運動量有增加，少吃高熱量

食物，喝的是無糖手搖飲，但我的體重卻沒有變化，真是讓我覺得莫名其妙。

後來發現是我的自我補償機制太強，覺得運動量有增加，應該消耗不少熱量，所以就覺得可以多吃一點點。只是，我自己覺得是一點點，事實上，我是隨時都在多吃一點點，難怪體重沒什麼改變。

雖然希望體重可以再降，但少吃一點對我真的很有難度，我也不像明泰哥有那麼大的動力（我好像在幫自己找藉口了）。不過我現在算是養成了運動的習慣，雖然還沒有每天一萬步，但開始執行多走路之後，覺得身體狀況越來越好，臉色也紅潤許多，還參加了從沒想過的路跑，雖然只是極短距離的親子路跑，至少也開始了這項有趣的活動。

養成運動、飲食習慣真的不簡單，身邊有人這麼堅持的一直在做，要跟著做、持續做就不會那麼困難。

若身邊沒有這樣的人，或許可以找臉書上的朋友組運動團，在各自的空間做一樣目標的事，互相鼓勵、支持。所以我要謝謝很狂的老闆明泰哥，及讓他能再次燃起減重動機的小柚子。

第六篇

持之以恆成就人生篇

講到減重，似乎是和人生其他面向沒有直接相關的議題。

減重比較像是愛美人士的話題，也可以是追求健康者的話題。另外，減重可以當成是一種勵志的象徵，設定一個目標讓自己完成。然而，減重其實也是象徵你這個人一生做事的態度。

一理通，樣樣通。

當可以把減重這件史上最艱鉅的事，持之以恆，用心達成。你的人生中其他項目，包括家庭、事業、理財、志業及各種自我實現也都可以套用，我很難想像還有什麼事可以難倒你。

我的減重歷史實錄

以下是我從 2017 年 5 月，從體重 110 公斤時，如何立志減重的心路歷程，在這過程中間，我許下了承諾：

1. 對家人，我要讓我當時尚未出生的女兒，一出生就能夠看到一個身材標準健康的帥爸。我要讓老婆及母親，不再為我的身體擔心。

2. 對夥伴，我不但要持續協助夥伴發展，並且也要帶領夥伴，擁有健康的身體。因為唯有身體健康，才能長久的對客戶提供更好的服務。

3. 對眾人，我要以自己為範例，做出一番成績，讓大家看

見，連我這種肥胖程度，以及會有嚴重職災的職務，都可以瘦身成功。以此為基礎，公益分享減重、健康理念。

150 天瘦身 30 公斤，這期間真的是一段難以忘懷的經驗，也提供我的減重實錄：

2017.5.9 被雷打到了

＊減重歷程——

老婆吳雪蓉：

晚上我跟老公分享今天感受到「胎動」了，然後他就做了一個全天下老公大概都會做的動作，伸手去摸我的肚子，然後問：「我怎麼沒感覺到？」

一開始當然只有媽媽感覺得到啊！

其實這時候在明泰心裡，已經決心為了女兒想要改變自己，之後他就去找哥哥請教有關減重的事情。

2017.5.13 名人公開點名

＊減重歷程——

明泰的哥哥李明哲公開在網路點名：

To 我即將當老爸的老弟李明泰:「為了家人,為了自己,你該下定決心好好健康瘦身囉!目標兩年內把我黃金交叉吧!」

＊事業及生活印記——
臉書上 PO 出 2014 年兄弟倆在一個馬拉松場合上的合照,照片裡,兄弟兩個都是一百多公斤的大塊頭。

2017.5.14 名人親自傳授

＊減重歷程──

　　針對哥哥在臉書上的點名，明泰也正式昭告天下：

　　昨天哥哥親自點名我，在減肥達人欽點下，一定不能砸鍋壞了招牌，當天晚上哥哥立馬找我去走走（執行力驚人），也懇切的把很多個人經驗與我分享，很多都是思維上的衝擊 & 學習，謝謝 my brother。（擷取精華參見附錄 1.）

2017.5.16 突破靜止摩擦力

＊減重歷程──

　　每天一萬步，數據持續對外公開：

　　第五天 10,013 步，燃燒卡路里 346 卡。

　　第六天 10,016 步，燃燒卡路里 355 卡。

2017.5.17 為自己打氣

＊事業及生活印記──

　　思考自己的人生，發表了純粹的廢文《墓誌銘》：

　　有時在想，如果明天是生命最後一天，閉上眼睛那一刻，有什麼是想刻在自己墓誌銘的？不管如何，人生只有一回，要過得

轟轟烈烈才不後悔。

2017.5.20 開始領小勳章

＊減重歷程——

　　公布減重實績：

　　每日一萬步第 7 天，

　　體重：110kg → 105.8kg

　　體脂：33.5％→ 32.8％

　　告訴自己：莫忘初衷，樂在其中。

　　公布第七天的數據：

　　走路 20,013 步。

2017.5.26 動吃都重要

＊減重歷程——

　　在網路直播飲食健康減重法，當時的他還是壯碩男。

2017.5.28 奇幻之旅

＊減重歷程——

明泰減肥日誌：

每日一萬步第 15 天，

紀錄今早的數據：

體重：110kg → 102.9kg（下降 7.1kg）

體脂：33.5% → 32%（下降 1.5%）

值得好好慶祝，想到大哥指示 100kg 以下再跑步，決定送自己一個禮物，這個禮物就是「從汐止家裡走到基隆海邊的星巴克」。結果發現實際比地圖導航還遠一點，一共有 19.75km，總共走了 24,422 步，總共花了 235 分鐘（快四小時）。

＊事業及生活印記──

網友也發現明泰哥是認真的，紛紛留言支持，跪求 10,000 步如何來的，以及認真的男人最帥等等。

2017.5.30 與神爸同行

＊事業及生活印記──

養成了運動習慣，每天都在走路，在連假最後一天早上，來到「圓通寺」走走。他說：

印象中小時候常搬家及轉學，住在中和時，記得老爸常帶家

人來這走走。可惜我只會從山下停車場走到圓通寺，我還真是個大路痴，在天上的老爸可別笑我啊！

聽說有個圓通寺烘爐地登山步道，一大圈要走 4 個小時以上，希望有一天可以來走一圈，圓個心願。有誰走過，願意帶我走一次呀？今天帶了登山杖結果只走一下下，看起來很像哈利波特的魔杖。

2017.5.31 激勵人生

＊事業及生活印記——

發表人生感言：

人是可以改變的，掌握權一直都在自己手裡。

努力透過目前在做的事，一步一步往更好的自己前進，真實逐步完成夢想中想達成的畫面，是一件很棒的事。

例如爬上七股鹽山的熱和累，為的就是站在鹽山上鳥瞰的成就感，以及喝下冰沙士時，那種「啊！」一聲的爽快！

但大部分目標都不是一蹴可幾，不只要突破舒適圈，更要去改變人格特質，以及克服情緒難關，甚至要突破人生課題。有趣的是，往往最懷念的不是終於完成目標，而是篳路藍縷、披荊斬棘的過程，常常講個三天兩夜都津津有味。

若有幸一群人一起完成目標，更是一輩子聚在一起、老生常談的美好回憶。而最可惜的是，有時會忘了，越大的夢想，一開始做的事會越困難且壓力越大，所以開始心猿意馬、抱怨連連，每天忙著「盲」，忘了專注做對的事。例如臥薪嘗膽，是為了勵精圖治，以圖復國，而不是陷入睡太少、膽很苦的情緒中。

　　# 夢想這條路跪著也要爬完。

　　# 用進廢退，老天爺是公平的。

2017.6.4 再提升效能

＊減重歷程──

　　公布減重最新進度，並公開徵求如何變身晨型人的建議：

　　每日一萬步第 22 天。

　　聽說 21 天是小習慣，

　　持續 90 天會變大習慣，

　　時間真的不夠用（尤其是下雨天），

　　連今天假日都很難湊出完整時段。

　　我想這也是每個有家庭的上班族的困境，要想辦法提升時間效能，找到變身「晨型人」的方法，努力往更好的自己前進。

這幾天只能維持每日一萬步，

體重維持跟上週一樣，

體脂肪略為下降。

體重：110kg → 102.9（下降 7.1kg）

體脂：33.5% → 31.5%（下降 2%）

沒有奇蹟只有累積

2017.6.10 來真的，就賞

＊事業及生活印記——

老婆吳雪蓉：

看老公最近努力塑身，覺得感動，今天直接送上 Garmin 前兩天上市的三鐵錶。

2017.6.11 名人公開表揚

＊減重歷程——

每日一萬步第 29 天，

體重：110kg → 99.9kg（下降 10.1kg）

體脂：33.5% → 30.9%（下降 2.6%）

這 29 天每日至少 10,000 步，

加上基礎代謝率和飲食控制，

也幾乎沒啥時間去運動。

難得今天去路跑但快走 10km，

速度超級超級慢，

10km 花了 1 小時 46 分，希望哪一天這可以變成跑 21km 的時間（握拳）。

公布每日一萬步第 30 天，

走路 19,866 步。

＊事業及生活印記──

　　哥哥李明哲在網路上公開稱讚弟弟：

　　我弟 29 天瘦了 10.1 公斤。猛猛的！

2017.6.13 全世界都是運動場

＊減重歷程──

　　人在日本，

　　即便出國，也不能停下往前的腳步，在國外夜跑＋走。

　　公布每日一萬步第 31 天，

　　共走 25,311 步，

消耗 1,425 卡。

每日一萬步第 32 天，
共走 17,569 步。

每日一萬步第 33 天，
共走 10,051 步，
消耗 229 卡。

每日一萬步第 34 天
共走 10,903 步，
消耗 550 卡。

2017.6.18 基本功不斷練

＊減重歷程——

公布每日一萬步第 37 天，
共走 15,468 步，
消耗 1,314 卡。

2017.6.21 持續練基本功

＊減重歷程——

　　公布每日一萬步第 45 天，

　　共走 15,202 步，

　　消耗 778 卡。

2017.6.23 小勳章長大中

＊減重歷程——

　　每日一萬步第 40 天

　　體重：110kg → 98.1kg（下降 11.9kg）

　　體脂：33.5% → 29.8%（下降 3.7%）

　　這 40 天裡，每日至少 10,000 步，過去這 30 天，每日平均 16,264 步，總距離 354km，健康塑身進度 3% 左右，必須堅持持續努力。

2017.6.28 那雷也劈心魔

＊減重歷程——

　　公布每日一萬步第 52 天，

　　共走 14,914 步，

消耗 856 卡。

公布照片對照組，

體重已經明顯有下降。

＊事業及生活印記──

發表感言：

改變習慣讓自己更好，說的容易做起來難，每天有 N 次內心惡魔要自己放棄，會有很多誘惑會讓人想回到舒適圈。

想放棄的時候，想想當初為什麼開始，莫忘初衷、樂在其中。

相信是起點，堅持才會到終點。

我相信我可以。

2017.7.4 分手並決鬥

＊事業及生活印記──

於生日當天發表感言：

要致力於與自己的消極「分手」，

跟自己的懶惰「決鬥」。

人生就是要不斷 Fighting for dream。

＊減重歷程——

　　公布每日一萬步第 54 天，

　　共走 16,108 步，

　　消耗 702 卡。

　　同時秀出的照片，

　　已經由肥胖變成結實。

2017.7.7 無懼艱困

＊事業及生活印記——

發表感言：

想要的一切，不管再苦再累再多困難，都要一步步向前邁進均衡人生，目前完成度 1%，keep fighting until I get there。

2017.7.8 烈日下的阿甘

＊減重歷程——

當天從新光三越 A11 館走回家，大太陽下走了快 15 公里，步行數字 18,559 步。

每日一萬步第 55 天，

公布減重成果：

體重：110kg → 94.7kg（下降 15.3kg）

體脂：33.5% → 28.6%（下降 4.9%）

明泰會持續努力往更好的自己前進。

2017.7.13 感謝名恩人

＊減重歷程——

每日一萬步第 60 天：

公開感謝文：

感恩我哥在 2017 年 5 月 13 日點名我，讓我在隔天立馬啟動每日一萬步計畫，今天是第 60 天啦！

體重：110kg → 93.7kg（下降 16.3kg）

體脂：33.5% → 27.4%（下降 6.1%）

進度比我想像中還快一點。

但連續大量的運動，終於也產生了疼痛，這三天行動上有難度，趕緊跟哥哥請教經驗值，理論上會維持 10,000 步。

休養一陣子及稍作治療，塑身目標依舊不變，期待兄弟倆一起跑全馬的那一天，合力減肥超過 100 公斤也一定會完成的。

2017.7.15 做自己的英雄

＊事業及生活印記——

在孩子即將誕生前兩個多月發表感言：

還有 72 天，希望 baby 屆時睜開眼看到的爸爸，已經變身成「勇氣、執行、堅持」的化身。

才能相當的兩個人，在面對無時無刻的選擇後，產生差異，經年累月下來就是天壤之別。願明泰的朋友們，一起為自己的人生奮鬥，讓原本生命中不可能的一切，有一天可以美夢成真。

2017.7.22 我跟自己比

＊減重歷程──

發表每日一萬步第 69 天感言：

70 天前，我還是一個 110kg 的大胖子，是走路會喘，睡覺會狂打呼，每天頭昏腦脹過日子的肥仔，更是睡眠呼吸中止症的重度患者。

瘦下來？以前總覺得是天方夜譚，不要再繼續胖下去就阿彌陀佛了，但一個機緣「轉念」，開啟了每日一萬步之旅。其實中間經歷很多挫折困難，包含時間管理、飲食控制、運動傷害等等，都是如人飲水、冷暖自知。

在第 29 天時，我參加了 10km 路跑，花了 1 小時 46 分。今天第 69 天，我又參加了 9km 路跑，花了 1 小時 6 分，其實在有持續路跑習慣的人眼中，這時間簡直是超級超級超級慢。但我跟自己比就好，有進步我就非常開心了。85 天後已經報名挑戰23km，期待有一天可以跑到全馬。

各位讀者們，如果你們是跟我一樣的大肥宅，找出塵封已久的球衣與球鞋，上場去跑步、打球吧！運動是對身心靈最棒的投資呢！

2017.7.24 名人再讚許

＊減重歷程——

　　李明哲公布弟弟的減重成果，並貼出反差的照片：

　　我弟 71 天瘦了 17.9 公斤，超猛的。

　　體重：110.0kg → 92.1kg

　　體脂率：33.5% → 27.5%

2017.7.25 再次愛上自己

＊事業及生活印記——

　　秀出健美的肌肉照，並發表感言：

　　每個人出生的時候都是獨一無二的「藝術品」，越長越大，卻變成了沒有自我的「仿冒品」。

　　還記得小時候，昂起下巴，誇下海口時的那股自信嗎？跟自己相處時有沒有喜歡自己？會不會很欣賞自己？是不是真正愛自己？唯有真正愛自己，才不會因為別人少做或多做了什麼，而讓自己身陷情緒當中。

　　不用竭盡心力去討好別人，認真仔細思考，現在正在做的事，是自己真心想要的嗎？當世界上只有自己一個人的時候，想要用什麼方式生活？

學習放棄不是真正想要的，專注在真心想要的，唯有愛自己，才會真正的快樂。人出生後就沒打算活著回去，怕什麼？但千萬別白走一遭，走到人生終點的那個自己，希望是怎樣才了無遺憾？要當自己生命中的太陽，感恩生命中發生的所有一切。

2017.8.1 準型男

＊減重歷程——

每日一萬步第 79 天。

公布夜間跑步的照片，照片中的明泰已經和三個月前判若兩人。從這天起，每天 PO 出的穿健身衣獨照，已經有型男的感覺。

2017.8.10 拖鞋輕鬆跑

＊減重歷程——

人在澳洲，仍然每日持續運動。

公布每日一萬步第 88 天，今天不僅走了 25,000 步，近 21 公里，晚上還在溫度 15 度的夜晚，穿拖鞋輕鬆跑 3km。

2017.8.12 出國領獎

＊事業及生活印記——

在澳洲領取 2017 IDA 年度龍獎，富焱有一個銀龍獎，八個銅龍獎得主，整整九位。

2017.8.14 車神之路

＊減重歷程——

人在澳洲，公布每日一萬步第 92 天成果：

92 天前，我是號稱 176cm 且 110kg 的大胖子，現在終於成為只是小胖而已。

在此特別強調，我沒有吃任何的減肥藥，更沒有透過任何醫美的技術，真的只有單純控制飲食跟運動而已，而且目前都是外食喔！如果可以的話，少打電動與抱怨，多做些有意義的事，至少出去走一走或跑一跑吧！

今天早上我們富焱的 6 個人，可是在攝氏 10 度的早上 6 點半離開被窩，前往 F1 賽車跑道，在舒馬克奔馳的賽道上，瘋狂用 37min 跑完 5.1km 呢！

開心工作，用力玩樂，目前健康瘦身進度僅 5%，持續努力中。

2017.8.18 動起來

＊減重歷程——

　　每日一萬步已經第 96 天，同時每日做伏地挺身 22 下，連續第 13 天。

　　明泰已經帶動整個通訊處的風氣，持續發揮正向影響力。全辦公室都在運動。

2017.8.20 英雄的緊身衣

＊減重歷程——

　　曾經在 6 月 18 日許下目標，要穿上一件當時穿不下的衣服，終於在這天穿進 Roots 的「XXS」，雖然有點緊，但身材已經明顯變瘦。

2017.8.22 百日感言

＊事業及生活印記——

　　每日一萬步，終於到了第 100 天。明泰發表感言：

　　第一階段的成績單還算滿意，持續努力，也更深刻體會到，夢想要找到「動力」。Try 出自己最合適的方法，去執行＋持續修正，直至達標。

找對教練及對的環境，甚至去創造，並兼顧家庭、事業、健康、朋友、愛情，「時間及情緒管理」更顯無比重要。

2017.8.26 已經 87 了

＊減重歷程──

　　開始巡迴演講分享，主題是，是否想過不需要吃減肥藥，100 天內透過運動，從 110 公斤開始瘦了 23 公斤，體重到達 87 公斤。同時分享明泰處經理如何在富邦用五年一個月成立通訊處，並且五子登科的故事。

　　當天活動會場爆滿。

2017.8.27 半馬完賽宣示

＊減重歷程──

　　每日一萬步第 105 天感言：

　　距離 10 月 15 日報名跑 23km 半馬，僅剩 49 天，而且限時 3 小時半內跑完。對很多人來說很簡單，對我來講，卻是一個極大的挑戰，中間會經歷老婆生產，以及許多工作上的目標必須達成，但我現在想要做的是以後變老時可以拿出來炫耀的事。

　　105 天前我的體重是 110kg，連走路都喘，更何況跑步，從

走到可以跑，1km → 3km → 5km → 10km，除非天意讓我不小心受傷，我相信，我一定可以完成自我鍛鍊，順利跑到終點拿到獎牌。

2017.9.1 回不去了

＊事業及生活印記——

在老婆即將生產前，一起去教父牛排用餐，刻意 PO 出半年前的對比照片。

同年 2 月 2 日曾經帶老婆坐在同一個位置拍照，半年後，身材已經判若兩人。

2017.9.18 自主半馬

＊減重歷程——

每日一萬步第 126 天感言：

終於一次 21km（近 3 小時）達標啦！一直很想在女兒出生前，來個慢跑 21km 自主訓練，今天本來只想跑個 3km，興致一來就完成了，雖然跑很慢＋走一共花了將近 3 小時，但還是堅持達標啦！今天也是每日步數最高的一次（38,873 步）。

2017.9.25 小情人駕到

＊事業及生活印記——

美麗的女兒小柚子誕生了！

2017.9.28 陪月子會變胖？

＊減重歷程——

每日一萬步第 140 天感言：

原定目標 150 天瘦 35kg，目前進度大超前，已經減 27.2kg。剩下最後 7.8kg，老婆生日時有沒有機會完成呢？感覺有點難啊（距離 11 月 13 日僅剩 43 天）！

聽說陪月子期間會變胖，顧小孩很累，新陳代謝會變差，到底會不會完成呢？讓我們繼續看下去……

體重：110kg → 82.8kg（下降 27.2kg）

體脂：33.5% → 22.1%（下降 11.4%）

2017.10.1 祕笈的起點

＊事業及生活印記——

發表減重感言：

最近小弟藉由飲食控制及運動，有變得稍微小隻一些些，雖

然我不是這方面的專家，但也因此，有滿多人來詢問如何瘦身。

不是我不願意說，是因為很難用三言兩語解釋清楚。因為沒有透過任何藥物，也不是吃固定菜單，還在不同時期去調整進化作法。

主要是親哥哥啟發教學，我再根據自己的狀況去變形與延伸，重點在思維的改變。

過程中也遇到很多挫折，真的必須離開舒適圈，學習並透過刻意練習去建立新習慣。

2017.10.5 一禮兩吃

＊減重歷程——

特殊紀錄：

柚爸給小柚子的中秋禮物，今日走了「66,666」步，健康塑身之路一步一步，腳踏實地。

2017.10.15 帥在一起

＊事業及生活印記——

重要里程碑：

秀出李氏兄弟帥氣合照，兩人合計瘦了 100kg 以上，達標。

2017.10.22 似乎到了

＊減重歷程——

每日一萬步第 161 天公布：

體重：110kg → 79.8kg（下降 30.2kg），扣衣物 0.5kg。

體脂：33.5% → 17.9%（下降 15.6%），減少 22.5kg 脂肪。

感覺差不多已經到我自己身體最合適的體重了。

2017.10.24 名人也怕

＊事業及生活印記——

為了怕被弟弟李明泰黃金交叉回來，只好認真一點，哥哥被逼得公開宣布要趕快運動了。

2017.11.4 憶榮光

＊事業及生活印記——

發表生活感言：

記憶中，人生中最驕傲的時刻，是爸爸還在世時，國小五年級得到丟壘球冠軍。

當時網溪國小操場上有五千多人，先頒季軍及亞軍，之後在大家掌聲中宣布冠軍「五年七班李明泰」，接著我上臺，校長把

獎牌掛在我的脖子上，這是終身難忘的畫面。

天上的老爸請保佑我，明泰會一步步扎扎實實重返榮耀的。

2017.11.10 記錄勳章

＊減重歷程──

每日一萬步第 180 天，

體重：110kg → 77.9kg

體脂：33.5% → 16.4%

2017.11.13 帥到極點

＊事業及生活印記──

瘦身有成後，穿著帥氣西裝發表感言：

魚，可能忘記在水裡穿行如梭；

鷹，可能忘記在天空壯志凌雲。

一旦找回天賦，全力以赴，

即將王者回歸，展翅高飛。

2017.11.16 成功公式

＊減重歷程——

公布 150 天瘦 30kg 的概抓公式，

概抓統計區間：5/14 － 11/16

因為懶得抓 150 天的平均每日步伐，所以直接抓到今天為止的總額去平均 186 天。同樣的，80 公斤的人，每步行 30 分鐘大約消耗 250 大卡的熱量，而消耗 7700 大卡約莫等於 1 公斤，因此可以推算：

→ 2,790,164 ／ 186 天＝ 15,000（每天步數），

15,000 步，假設 135 分鐘完成（含小部分跑步）

→ 250 大卡 ×（135 ／ 30 分鐘）＝ 1,125 卡（步行消耗的卡路里）。

假設每天均吃剛好的基礎代謝率，

1,125 卡＋重訓日均 20 分鐘＋日常行為＋消耗食物所消耗熱量＝約莫 1540 大卡。

1,540×150 ＝ 231,000

231,000 ／ 7,700 ＝ 30（kg）

2017.11.28 日積月累

＊事業及生活印記──

生活感言：

今天以超慢速度，一次跑完 10km，再走回公司湊足 22km，練練腿力，最近忙到只能維持每日一萬步啊！

12 月連續兩週兩場半馬，一場 23km，一場 21km，在不受傷前提下，量力而為但全力以赴。

想當初連 100 公尺都跑不完啊！時間是可以擠出來的，大家一起多站、多走、多跑吧！

2017.12.3 脂肪的體積

＊事業及生活印記──

今天在健身房被其他會員誤認是教練。

話說體脂從 33.5% 降到 15.9%，代表瘦下來的 33kg 裡有 24.6kg 是脂肪耶！很難想像 24.6kg 脂肪體積到底多大啊？

大家一起來運動，揮別討厭的掰掰袖，明年夏天一起穿無袖。

2017.12.10 初半馬完賽

＊事業及生活印記──

　　人生第一場初半馬 23km，完賽。

2017.12.17 與名人半馬

＊事業及生活印記——

　　和哥哥李明哲路跑，真正的初半馬 21km，2 小時 32 分輕鬆完賽。

2017.12.23 為柚而跑

＊事業及生活印記——

　　舉辦「2017 年柚爸個人練跑盃——第一次」

　　緣由：

　　為了女兒決定要健康瘦身，2017 年 5 月 14 日起 150 天，瘦身 30kg，截至這天已經從 110kg 降到 76kg，也從完全跑不動的肥宅到可以跑完半馬（約 2.5 小時）。預計明年挑戰全馬完賽，獨樂樂不如眾樂樂，所以分享練跑資訊。

2018 男神重生

　　從 2017 年 5 月宣布減重，在眾人覺得不可能的情況下，明泰一步一腳印，用短短 150 天減重 30 公斤，達到健康神清氣爽的新形象。同時還逐步加強肌耐力，以及跑步毅力，追求更高的健康境界。

其實，業務的目標，跟減重的目標，基本道理是一樣的，
在《富焱主管會議》上，明泰簡單的用兩個字來代表：當責。

沒有目標的人，一根稻草就彎腰，
專注目標的人，千斤萬擔一肩挑。

附錄 1：

李明哲教導弟弟的減重道理，原文擷取精華如下：

1. 人一定要誠實面對自己，誰都騙得了，就是不能騙自
   己！

2. 不用太過重視體重數字，這是飲食及運動習慣所產生的
   結果，不要倒果為因，忘了源頭才是事情的關鍵！沒有
   奇蹟、只有累積，如果一直採取對的飲食及運動模式，
   結果是自然產生，無需強求也才能長長久久！

3. 目標太大太遙遠，根本沒感覺，記得要切割成小目標，
   甚至是今天、明天這種最接近「現在」的！

4. 先做好扎實的記錄，不管是喝水、飲食、睡眠、身體狀
   況，很神奇的是，原本以為瘦下來就會很重視這些，因

為會知道多吃要多動，所以就會少吃。沒想到先記錄（還沒瘦之前），竟然會因此察覺而調整基本功，反而更易變瘦，這真是個雞生蛋或蛋生雞的有趣課題啊！

5. 不是吃越少越好，而是多動可以多吃，這是完全不同的思維模式，一種是節流、一種是開源；一種是避苦、一種是趨樂！

6. 長久型的心肺耐力運動很適合瘦身，運動強度要符合自身條件，慢跑以能跑最久的速度進行，比走路慢都無妨。因為跑步至少有一瞬間兩腳離地，對時間來說是個 CP 值很高的作法！

7. 理解基礎代謝率、每週瘦身目標、運動燃燒卡路里之間的公式，但別被制約，要從過程找到「樂趣」。光靠意志力是無法支撐太久的，若能因為「多運動」而可以多吃美食，又還在公式標準內，甚至可以雕塑成更好的體質（肌肉比上升），就會變成一種「癮」，進而產生正向循環！

8. 把運動排進行事曆，現代人太忙碌，也太多誘惑，排進行事曆照表操課，循序漸進增加時間，過程中做好記錄，以便找出成功或失敗關鍵的因素，並予以調整！

9. 能站就不坐、能走就不站、能跑就不走，能吃滷排骨就不吃炸排骨，能喝無糖就不喝半糖，能吃少一口飯就少吃一口，從小地方開始微調「每個選擇」，改變的方向對了，自然就會慢慢有滾雪球效應！

10. 一開始，找人推你一把，，踏出第一步吧！

若還是不知道該如何開始，試著先依據自己現在的狀況，開始填寫這張表，並開始進行自己設定的方案。在執行時亦可隨自身狀況，調整運動量、強度、飲食。

當然，請以「對得起自己目標」的前提下調整，而不是對自己越來越放鬆。

請一定要填寫最後一項，經常看著它，讓它產生畫面，並融入那畫面，融入那感覺，越融入它的效用會越大。

減重目標設定表

覺得自己好的地方（三個）	
覺得自己要改進的地方（三個）	
如何避免體重再增加三方案	
預計多久的時間，減重幾公斤？行動三方案。	
希望自己或別人如何形容未來瘦身成功的自己？（一句話或一段話）	

肉肉大叔變了

——專訪富焱夥伴 邱嘉柔

我曾經在不同行業打拚，知道業務工作的重要。但同樣是業務工作，有沒有好的制度、有沒有找到對的主管也非常重要。

在經歷過不同產業的歷練後，最終還是覺得明泰哥帶領的富焱團隊，是心中理想的工作歸屬，於是在 2015 年正式加入富焱團隊，成為明泰哥團隊的重要尖兵。

以下是嘉柔的訪問：

歷練業務工作，選擇富邦

第一次見到明泰哥時，對他的印象還不錯。理論上，業務型長官屬於目標導向型，多半都是眼神凌厲，給人很有威嚴感，對一般新人來說，會覺得有很大的距離感。

但明泰哥不是如此，他就像是一個鄰家老實的肉肉大叔，一點也不會給人壓力。最早認識他，是在 2011 年，我大三升大

四的階段,當時是類似企業來校園輔導的課程,做了職業適性分析。第一次見面的他,透過分析表就可以清楚的分析我的人格特質,讓我開始好好思考未來。

不久後我畢業了,雖然念的是資管,但因為我喜歡與人接觸,所以選擇了跟電腦相關產業的門市做銷售人員。後來我想追求純業務銷售的工作,挑戰自己的極限,於是轉至銀行的信用卡部門服務,工作內容我還滿喜歡,每天都可以接觸到不同的對象。

然而,這工作最大的缺點,就是很難交到朋友,因為工作主要時間都是在假日。此外,信用卡的銷售業務人員,很難有忠誠度,哪家銀行福利好,很多人就會跳槽過去,乃至於才剛進公司一年,我就已經變成團隊裡的「資深」前輩,連當初帶我的主管都離職了。在這樣公司待上幾年,會有未來嗎?從我的上級主管狀況來看,狀況似乎也沒有特別好。

我一邊從事業務工作,一邊感到迷惘,那時候我還是斷斷續續有和明泰哥的團隊有互動,包含烤肉、看電影等等,我這個非富邦人,也經常厚臉皮跟去。一路下來,後來就想說:「好吧!如果信用卡的業務工作看不到未來,何不加入保險產業呢?」

終於,在外面晃蕩幾年後,2014 年,我加入了富焱團隊。

業績、健康一起衝

剛入行時，明泰哥不是我直屬主管，他是我主管的主管。但他不會一副高高在上的樣子，經常第一線輔導我們這些業務尖兵。

我真的覺得明泰哥滿厲害，他經常跟我們分享，每個人沒有能力的上限，只看你有沒有去啟發。他不會硬梆梆的訓話，而是經常透過聊天，跟我們做腦力激盪，鼓勵我們自己思考，然後想想可以如何讓自己提升到更高的境界。

他教導我們如何設定目標、也重視實戰訓練。有時候，我們早上八點的會議，他會安排我們做演練，模擬當客戶問話時，我們可以怎麼應答。當然這樣的會議不強迫每個人參加，畢竟有的夥伴可能比較習慣在夜間跑客戶，早上無法那麼早到，但以我來說，我就很喜歡早上的那段訓練時間。

不過我知道，我們要談明泰哥的重點，不只是業務領導，還要提到減重以及健康。

關於這部分，我也有所體悟。

非常剛好的，當明泰哥立志要開始運動時，我也大約在那段時間開始運動，兩者沒直接關係，只是剛好時間上重疊。我開始想要運動，是在 2017 年 3、4 月時，原因是我自己屬於過敏體質，

晚上有時候睡眠品質很不好,讓我很不舒服,吃藥也難以根治。後來經過名醫指點,告訴我任何的藥物都是外在的治療,最佳的治本方法,還是增強自己體能,因此我就開始立志要健身來加強自己的免疫力。

所以我開始跑步,一開始是一個禮拜跑兩三次,後來就幾乎每天都跑,遇上雨天則會中斷。之後配合明泰哥每天晨會的時間,我就一大早五點起床跑步,然後回家洗個澡再上班。

雖然我的跑步動機跟明泰哥不同,但我要分享的是,跑步真的對身體好,以我來說,我的過敏狀況真的有改善,體力、精神也更好。

既然我和明泰哥兩人都在跑步,就互相打氣吧!

所以我有時記錄跑步時,會在臉書 tag 明泰哥,他也會在我臉書上留言打氣。加上從那個時候開始,受明泰哥三不五時就找他眼前看到的男生,一起趴在地上做伏地挺身,或在辦公室走來走去的影響,同事間也掀起了一股運動風,好多人都在運動。這種感覺很棒,不管是為了健康,還是更好的身材,辦公室有這種正向的氛圍,彼此鼓舞,感覺真的很好。

至於明泰哥是否正式宣布減重,其實當時我沒特別注意,是後來才漸漸知道的,但我感受到,明泰哥跟我一樣,是很有恆心

的在運動。

我們也會彼此交流運動的心得，明泰哥有些地方跟我剛好相反，例如，我跑步的時候，比較不會喘，但跑半小時後，腿就會很痠。但明泰哥卻是跑步很容易喘，因為他那時還比較胖，可是腿倒是不會痠。他會跟我分享跑步祕訣，像是如何增加肌肉量等等。

運動對我們有什麼改變？我的身體真的變得比較好，而對明泰哥來說，改變就太大了。

其實剛開始也沒有特別感覺，畢竟我們每天都見得到面，比較難注意到差別。但是某天我們在搬明泰哥的人形立牌，也就是以明泰哥的照片製作成的大型門口吉祥物時才發現，咦！這個明泰哥跟現在辦公室的那個型男，根本判若兩人。

算一算時間也沒有經過幾個月，這個以他幾個月前的形象所製作的立牌，還是個胖哥立牌，如今的明泰哥真的不一樣了。

後來我們和朋友介紹自己又高又帥的處經理時，也都覺得很有面子。不是有許多直銷公司標榜自己的產品多有效，或醫美診所有什麼神奇見證嗎？但哪個見證比得上我們的處經理，他不是靠什麼瘦身食品，更不是靠手術，純粹靠意志力，以及每天的紀律，然後他真的改變了。

身為我們所有人的主管,他是我們引以為傲的長官,不只是我們富焱的驕傲,他的「事蹟」已經轟動全富邦。

一個人可以將自己的毅力落實在如此明顯的前後對比上,一個大家一看就知道是胖子的人,可以真的靠決心毅力,在半年後變成型男。這樣的人,當然也會在業務團隊帶領上,充滿決心毅力。

如同他自己減重有成,但不會強迫大家也去做同樣的事一般,在業務上,他也只是開導我們觀念,然後讓我們學會自己去思考、去落實。畢竟,靠別人強加的東西,是無法變成自己的一部分,唯有內化成自己的方法,才能真正追求成長。

也就是因為有明泰哥這樣的好長官,他不僅僅是創造了自己體重的奇蹟,在業務工作上,以他這樣的年紀,可以在短短五年內,就成立自己的通訊處,帶領著我們這麼多業務人員,這也是保險產業的一個佳績。

我以身為他的團隊一分子為榮,現在的我還是繼續運動,也繼續打拚業務。有著明泰哥帶領的團隊,運動習慣會持續很久。

進擊的巨人

——專訪富焱夥伴 陳冠州

加入團隊已經超過七年的冠州，也是富焱團隊的基礎成員，從早年明泰哥還是個業務經理，尚未成立自己通訊處時，就已經跟著明泰哥，他和明泰哥一起一路成長。

今天這個人生重要夥伴要出書了，他當然也要講講他的感言，有關於他心目中的領導人，明泰哥。

以下是冠州的專訪：

被他勾引走了

我算是公司裡，跟明泰哥學習最久的成員之一。早在 2011 年，我就已經加入富邦的團隊，當時明泰哥不是我主管。事實上，我跟他之間還隔了兩三層，他當時是個我只能遠遠欽佩，但不敢直接互動的風雲人物。

我當時印象最深刻的，他才二十幾歲，就已經結婚了。對現

代的年輕人來說，要找到值得昏頭而走入婚姻生活的對象，非常不簡單，多數人在二十多歲時，都只想享受戀愛，不想被綁住。但明泰哥那時就已經結婚了，在我的感覺中，通常這麼年輕就結婚的人，不是奉子成婚，就是被逼婚。而明泰哥居然兩種都不是，這真是怪了，他在這麼年輕就成家，願意為女孩子負責，這樣的人，把團隊當成他的家庭，也會對整個團隊負責。

就這樣，我一找到機會就加入他的直屬麾下，願意跟他同進退，所以後來當他要成立自己的通訊處時，以團隊編號來看，我可是排名前 10 名以內。

因為這樣，我算是跟著明泰哥一起，看著富焱團隊及他的身材怎樣發展茁壯。當年我就知道，明泰哥是如何跟他的長官學習。照理說，像他那麼聰明的統計系畢業的高材生，一定很「高怪」，一定非常有主見，這樣的人也較難駕馭。但明泰哥面對上級時，卻可以把自己清空，聽話照做，寧願用最笨的方法，從最踏實的幼幼班學起。

聽從老闆的話，光這點就很不簡單，有多少人是「半杯水響叮噹」。這也影響了後來的我，如果明泰哥學習時，可以把自己當空杯，我們當然就更要謙卑了。當年老闆說怎麼做，明泰哥就怎麼做，現在，明泰哥叫我怎麼做我就怎麼做，當然，我知道他

不會叫我做違法或違反善良風俗的事啦！

跟著他的腳步成為主管

身為大家的主管，他最令人敬佩的地方，就是他不會因為老大當久了就僵化。即便做到很高的位置，就像現在他帶領四、五十個人，他仍願意持續調整。

而且他真的很懂得因材施教，他曾告訴我，如果我將來要像他一樣擁有自己的辦公室，我就要時時調整，提升自己的格局。但對有些個性比較拘謹的同事，他可能會教導他們不要那麼緊繃。對總公司給予的目標，他努力使命必達，但落實到團隊工作時，又能因時因地制宜。

我自己這兩、三年來，當碰到各種狀況時，都是這個既是我主管也像是朋友的人，指導我如何走出困局。同時他也是以身作則的人，不會因為自己是處經理就每天坐在辦公室發號施令，他提出來的任何要求，若他本身自己做不到，就不會說出來。

在他的領導下，我的實力也逐步加強，在 2014 年我正式升為主任。一開始我這個主管做得很不稱職，都留不住人，原因在於我覺得身為主管就要約束好部屬，當初我的主管要我做什麼，我就做什麼，我也希望現在的年輕人可以做到。

然而時代變了,現代年輕人想法不是這樣,若他們想法和我衝突,他們會轉頭就走。如果一直如此,我會很難帶領團隊,明泰哥不斷開導我,指導我該如何保持彈性的與部屬的溝通,我也會自我調整。目前我的團隊已有五位成員,對未來的發展我也更有信心。

跟著明泰哥做伏地挺身

現在就要來講跟他減重相關的事了。

因為我認識他比較久,所以我的觀察記錄會比較多。剛認識他時,他也不算是瘦子,但跟當了處經理後比起來算是偏瘦的。我們這行常說的職災,就是因為工作性質而有作息不正常、壓力大等問題,很容易變胖,我就是看著明泰哥,從中等身材逐漸往高噸位飆升。

工作上的事,我很尊重明泰哥,對於體重這方面,我也沒什麼看法。我認為那是個人私領域的事,只要不影響團隊運作,也輪不到我來管。

2017 年 5 月,當明泰哥表示要開始減重時,我半信半疑,因為要開始早就開始了。我知道明泰哥在工作上,絕對是說到做到,他對自己要求很嚴格,但減重這種屬於私生活的事,我就不

確定了。

　因為沒有減重成功也不會被公司檢討，而許多曾經想減重的夥伴們也都沒有達成目標，所以不可能因此質疑他的主管地位。但明泰哥一說要減重，第二天就真的著手進行，他透過臉書，讓大家看到他真的在行動。我心想，「這下真的玩很大」，他的臉友那麼多，甚至有些富邦高層主管也是他的臉友，他真的是很敢的一個人。

　一開始大家也是持觀望態度，後來發現他真的持之以恆，每天堅持走路運動，最直接表現在外表上的，就是他的體重真的下降了。

　身為他的最忠實的同伴，我的老大都在減重了，我多少也會受到一些影響。2017 年 8 月，我們團隊去了一趟澳洲墨爾本領獎並進修，從出發第一天開始，他就拉著我，兩人每天一起做伏地挺身。可能因為他老婆肚子太大不能一起去，所以他總是找我作伴。

　不只做伏地挺身，還要錄影存證，把影片 PO 上網。我猜想是因為那時他已經明顯瘦下來了，覺得自己變帥，因此想昭告天下，也藉著影片讓在臺灣的老婆看看他的狀況。

　於是從第一天開始，我們就認真找地方做伏地挺身，接下來

幾天也是如此，出國八天期間，每天都會找個時間，找個適合的地點，然後兩個人就做起了伏地挺身，即使在眾目睽睽下也不在乎，真是很有趣的體驗。

從那時候養成的習慣，我們不只在墨爾本的那八天做伏地挺身，直到回來後，也都還持續著。到現在，我如果哪天沒做伏地挺身，反而會覺得怪怪的。這對我的健康當然有幫助，最多的時候，曾經一天做到 150 下伏地挺身，現在工作比較忙，時間沒那麼多，但一天至少也有 60 下。在墨爾本時，我們規定是每天 22 下，現在比那時的體能提升很多了。

以時間來看，伏地挺身需要用掉我們多少時間？其實每天 3 分鐘就可以做一組標準的 30 下，如果分開來一天 5 次，5 個 3 分鐘，一天 150 下是沒問題的，累積了運動量，也有益健康。

身為業務人，雖然聊到減重，但也還是要扯到業務。

明泰哥給我的影響，是透過運動來幫助我的業務能力。因為有體力，做事情也會比較有韌性，如果體力不好，疲累的時候，又遇到心煩的事情時，很容易造成情緒、語氣不佳。而原本沒有運動習慣的人，能把這麼難以養成的習慣，變成日常該做的事，把這種的毅力，轉移到工作上，就是一種執行力。

運動習慣一旦養成，就會天天覺得精力充沛。而且運動氣氛

是會感染的，一開始是明泰哥先開始，後來一個接一個的辦公室成員也加入了運動團隊，看著這群人個個變成健康寶寶，我對團隊的力量感到很感動。

對於運動這件事，明泰哥不會強制要求大家參加，或是採用哪種運動形式，他很尊重大家的自由。至於如何選擇運動強度，就更不會干涉了。他本身很數字導向，所以會公布每天走幾步路，燃燒多少卡路里，我卻覺得運動只要舒爽就夠了，所以結果自然也不同。從前比我重很多的明泰哥，現在變成瘦身有成的型男了，而我雖然有運動，但外表看起來還是壯壯的樣子。

明泰哥身為業務單位高階主管，能這麼堅持而瘦身成功，在業務單位來看，真的是相當不可思議。在一個無論男女都會面臨嚴重「職災」的行業，他卻能逆向減重，真的算是稀有品種。

員工心目中的李明泰

帶著美眉的胖哥

——專訪富焱夥伴 陳緯湘

　　團隊另一個重量級人物，是已經進入富邦好幾年，同時也是業績高手的緯湘，他要以他風趣的觀點，描述他心目中的明泰哥。

　　以下是緯湘的專訪：

從不鳥他到讓我欣賞

　　投入保險業是我的家族使命，因為我母親就是個資深保險從業人員。但她自認她的功力無法指導我，得要找一個真正的高手才行，所以便找到了明泰哥。

　　老實說，第一次接到明泰哥的電話，我只覺得莫名其妙。那時我還在當兵，某天休假回家接到了他的電話，問我要不要見面聊聊。

　　當然他有先說明是我母親請他打的電話，即便如此，我當時

還是覺得我對保險沒很大興趣，未來會怎樣，我還不知道，反正走一步算一步。

但是明泰哥並沒有因此斷了和我的聯繫，後來，我參考了許多學長姐畢業後的發展，無論是繼續升學、出國留學，或直接就業，都沒什麼讓我欣羨的發展。我是臺大心理系畢業的，這個領域可以發展的範圍也不多，明泰哥不放棄的勸說，我最終決定進入保險產業。

我在 2012 年進入公司，當時還沒有太陽團隊，明泰哥也只是個業務經理，所以我一開始對明泰哥並沒有那麼尊敬，對於沒有辦法讓我服氣的人，我無法衷心服從。

記得剛認識時，有一次大家約在餐廳見面，明泰哥帶著一個正妹一起出現。我心中還有點嘀咕，想說：「什麼嘛！身為經理了不起喔！一個胖哥還帶個漂亮的助理美眉。」

我後來才知道，原來那個女生不是助理，而是明泰哥的夫人。但是，對我來說，一個人一旦有個點可以讓我信服，我就會開始用不同的角度去觀察他。明泰哥就是這樣的人，隨著時間過去，漸漸認識他，我慢慢看見，在他身上有我所沒有的東西，後來我才開始越來越欣賞他。

要變型男，你也可以

說起明泰哥如何帶領團隊，我覺得就是兩個字：「當責」。

他給團隊的感覺是，若出問題，他絕對會一肩扛起。他用心對待每個人，當我還是新人時，他會在假日招待一群人去他家。他犧牲自己假日，在自己家裡教導大家與客戶的溝通技巧，現場也彼此做模擬。

那時候我就知道，如果想要有發展，絕對要跟緊這個人。而我也在他訓練下逐步攀升，在 2016 年底，我也已經升任經理。

當然，我想讀者關心的，還是關於減重的事。

在這裡，我也來報告我的心得。我認識明泰哥的時候，他就是一個看起來有分量，吃很好的業務小主管。

我的個性比較活潑，跟他熟了之後，私底下有時就會沒大沒小的虧他。我記得過往他不只一次說要減肥，也曾去過健身中心，但去了沒幾次就放棄了，然後身材就繼續維持原樣。

我和團隊裡另一個也很愛搞笑的女同事，兩人就會唱雙簧虧明泰哥，說他減肥就只是說說而已，他後來也會自我調侃的說：「減肥不成又沒關係，生活幸福快樂就好，不是嗎？」

2017 年，明泰哥又說要減重了，我心想：「哎呀！又來了。反正雪蓉姐對他是真愛，不會因為他越來越腫的身材而嫌棄他，

幸福快樂就好。至於減肥，他喊高興就好。」

　　沒想到，這回真的不一樣。

　　我後來聽明泰哥說，他這輩子有兩件事是不能承受的，第一件事是他的單位消失，第二件事就是他的哥哥竟然比他瘦。若這兩件事發生，他一定會崩潰。

　　為了避免崩潰，他只好減重。

　　是這樣嗎？我不知道。我只知道，他這次宣示要減重，在眾人從原本懷疑、看戲，轉變成訝異、佩服的眼光中，奇蹟發生了。這回不是去一兩次健身房後，就半途而廢，他持續運動了很久，久到他的整個人都改變了。

　　這結果可能讓人想喊說：「蒼天不公！」怎麼什麼好事都發生在他身上？現在的明泰哥，又帥又有身材又有錢有成就，有個美嬌娘，還多了個可愛的女寶寶。

　　天啊！他真幸福，真是完全的人生勝利組呀！

　　但，事實上，這是他一步步努力得來的，你對自己身材不滿意嗎？你想改變嗎？沒什麼不可能的，看看明泰哥，要從胖哥變型男，你也做得到！

肥宅變歐巴

即使有一卡車無法減重的理由，我還是成功了！李明泰 150 天減重全記錄

作　　　者／李明泰
出版經紀人／車姍豁
出版企畫／黃柏勳
美術編輯／孤獨船長工作室
責任編輯／許典春、簡心怡
企畫選書人／賈俊國

總　編　輯／賈俊國
副總編輯／蘇士尹
編　　　輯／高懿萩
行銷企畫／張莉滎・廖可筠・蕭羽猜

發　行　人／何飛鵬
法律顧問／元禾法律事務所王子文律師
出　　　版／布克文化出版事業部
　　　　　　臺北市中山區民生東路二段 141 號 8 樓
　　　　　　電話：(02)2500-7008 傳真：(02)2502-7676
　　　　　　Email：sbooker.service@cite.com.tw
發　　　行／英屬蓋曼群島商家庭傳媒股份有限公司城邦分公司
　　　　　　臺北市中山區民生東路二段 141 號 2 樓
　　　　　　書虫客服服務專線：(02)2500-7718；2500-7719
　　　　　　24 小時傳真專線：(02)2500-1990；2500-1991
　　　　　　劃撥帳號：19863813；戶名：書虫股份有限公司
　　　　　　讀者服務信箱：service@readingclub.com.tw
香港發行所／城邦（香港）出版集團有限公司
　　　　　　香港灣仔駱克道 193 號東超商業中心 1 樓
　　　　　　電話：+852-2508-6231 傳真：+852-2578-9337
　　　　　　Email：hkcite@biznetvigator.com
馬新發行所／城邦（馬新）出版集團 Cité （M） Sdn. Bhd.
　　　　　　41, Jalan Radin Anum, Bandar Baru Sri Petaling,
　　　　　　57000 Kuala Lumpur, Malaysia
　　　　　　電話：+603-9057-8822 傳真：+603-9057-6622
　　　　　　Email：cite@cite.com.my
印　　　刷／卡樂彩色製版印刷有限公司
初　　　版／2018 年 09 月
售　　　價／300 元
ＩＳＢＮ／978-957-9699-39-6

城邦讀書花園　布克文化
www.cite.com.tw　www.sbooker.com.tw